EMILIANO ZAPATA

EMILIANO ZAPATA

por Roberto Mares

Grupo Editorial Tomo, S.A. de C.V.
Nicolás San Juan 1043
03100 México, D.F.

1a. edición, junio 2003.
2a. edición, febrero 2005.
3a. edición, junio 2006.

©   Grupo Editorial Tomo, S.A. de C.V.
    Emiliano Zapata

©   2006, Grupo Editorial Tomo, S.A. de C.V.
    Nicolás San Juan 1043, Col. Del Valle
    03100 México, D.F.
    Tels. 5575-6615, 5575-8701 y 5575-0186
    Fax. 5575-6695
    http://www.grupotomo.com.mx
    ISBN: 970-666-721-0
    Miembro de la Cámara Nacional
    de la Industria Editorial No 2961

Proyecto: Roberto Mares
Diseño de Portada: Trilce Romero
Formación Tipográfica: Servicios Editoriales Aguirre, S.C.
Supervisor de producción: Leonardo Figueroa

Impreso en México - *Printed in Mexico*

Contenido

Prólogo

Desde antes de la conquista, las comunidades débiles de México han sido tributarias de las fuertes. La colonia no cambia la situación, simplemente le da una nueva fisonomía a la explotación, agregando nuevos elementos, como el racismo y la transculturación. El concepto de "indio", evidentemente, no es autóctono, sino que es aportado por el extranjero, por el conquistador. Es la visión de los vencedores la que da sentido a la nueva nación, dividida de ahí y para siempre (por lo menos hasta ahora) en diversos estratos, extraños los unos a los otros y muchas veces antagónicos.

La independencia primero, y más tarde el liberalismo, pretende crear un México unitario y homogéneo; pero un atavismo ancestral parece imponerse sobre cualquier intento de sociedad igualitaria y humanista: los unos siguen siendo tributarios de los otros y eso, a principios del siglo XIX parece no tener más remedio que una fuerte conmoción social, una gran sacudida histórica.

El movimiento de 1910 fue esa gran sacudida; comenzó como un movimiento político, continuó como una guerra civil y terminó siendo una verdadera Revolución. Aquella violencia transformadora fue el intento más acabado y radical de lograr la verdadera unidad y la justicia social en México.

Pero la Revolución no tuvo el mismo significado en las diferentes regiones, pues México no era, ni ha sido nunca, una unidad étnica y cultural. En el Norte destaca la figura de Francisco Villa, guerrillero apasionado y voluntarioso, que es como una chispa que enciende un fuego transformador; y la gente "se deja ir" en pos de ese fuego porque intuye que llegará a ser un gran incendio devastador y ciegamente justiciero. En el Norte la gente no toma el arma para cambiar el orden social, sino que se va a "la bola", como si quisiera ser parte de una masa humana que no tiene forma, pero que va rodando inexorablemente y al rodar se redondea y va creciendo. Así se siente la fuerza del cambio, como un copo de nieve que se desliza desde la cima de una montaña y habrá de llegar al valle convertido en una formidable avalancha.

El Sur, en cambio, es como Emiliano Zapata, introvertido y melancólico, profundamente apegado a la tierra, espiritualmente ligado a ella, como a una madre nutricia que hay que honrar y venerar por sobre todas las cosas. La rebelión del sur es un hecho casi religioso, procede de una instancia más profunda que la necesidad de un cambio político o de una reestructuración de la justicia.

Si la revolución del Norte es un grito, la del Sur es un murmullo, un rezo, un secreto que se va propalando de boca a oído y de pueblo en pueblo, hasta que se convierte en un pensamiento colectivo que se expresa de manera clara y radical: "Tierra y Libertad". No se necesita más, lo demás sale sobrando para Zapata y su gente.

En este libro se habla de Emiliano Zapata y de su manera de sentir y entender la lucha revolucionaria, pero ante todo se habla de un hombre que fue capaz de dar un paso más allá de la lucha por reivindicar las injusticias del pasado, de un hombre que fue capaz de mirar muy lejos en el futuro, para situar su corazón y su mente en el paisaje de la utopía.

Se dice que Emiliano Zapata es uno de los personajes más limpios de la historia de México. Muchos de los grandes villanos de nuestra historia en algún momento fueron héroes, pero tuvieron la mala fortuna de sobrevivir a sus batallas y llegar al poder, donde una entidad maligna parece habérseles metido en el alma, o por lo menos en la imaginación, y desde ahí fue minando sus ideales, hasta transformar sus virtudes en los más horrendos vicios. Tal es el caso de Santa Anna, y de Porfirio Díaz, por mencionar solamente a los mencionables; pero si nos ponemos a rascar fino en la biografía de los próceres, pocos son los que se salvan a su propia sobrevivencia.

Al recorrer estas páginas, el lector malicioso (que es el buen lector) se preguntará: ¿Qué hubiera sido de Zapata si hubiera muerto ya viejo y en su cama? ¿Era corruptible Zapata? ¿Hubiera resistido al prestigio o al poder?...

Buena propuesta para iniciar la lectura de este libro; ¿no crees?

Naturaleza y ambición

El Estado de Morelos fue una de las primeras demarcaciones españolas, lo que es perfectamente explicable por la riqueza de la región y por su cercanía con la ciudad de México. Además, esta parte de la geografía del inmenso territorio conquistado tenía muchas ventajas: contaba con una densa población y una serie de elementos culturales y económicos que favorecían la explotación de las tierras, pues desde antes de la conquista ya existía una infraestructura y una organización agrícola en la región, por lo que resultaba fácil para los colonizadores el establecimiento de un modelo de producción afín a sus intereses. El primer español en aprovechar todas estas ventajas fue el propio Hernán Cortés, a quien el emperador Carlos V concedió el título de Marqués del Valle de Oaxaca, cuya extensión era en verdad enorme, pues iba desde Coyoacán hasta Oaxaca, incluyendo, por supuesto, toda la región de lo que ahora es Morelos. De hecho, Cortés estableció su residencia alternativa en la ciudad de Cuernavaca, atraído no solamente por el clima, sino por las óptimas condiciones de producción que ofrecía la tierra y la gente de la región; de hecho, fue Cortés el creador del primer ingenio azucarero de Morelos, lo que llegaría a ser uno de los principales rubros económicos del estado y también fuente de grandes conflictos.

Los conquistadores establecieron un sistema de control y explotación de la población indígena que llamaron "encomienda", y que de hecho era una forma de producción feudal, pues además de propiedad de la tierra, también se tenía la posesión de los indígenas "encomendados" al señor, a la manera de los "siervos de la gleba", en la Edad Media europea. El primero y más poderoso encomendero que hubo en México fue el propio Hernán Cortés, quien, además de la extensión de tierras ya descritas, era dueño de 23 000 indios, aunque a él siempre le parecieron muy pocos, y defendió hasta su muerte que ese número de encomendados debería considerarse solamente a los jefes de familia; siendo así, él sería dueño de 100 000 personas.

Ya desaparecido Cortés y desarticulado el efímero marquesado, se comienza en forma la explotación de este territorio. En parte para apoyar la producción, pero principalmente para romper la unidad étnica de los pueblos, los españoles comienzan a traer esclavos negros de las antillas, quienes se convierten en punta de lanza para los colonizadores, pues incluso se les usa para el cobro de impuestos entre los pueblos indígenas.

El pago de tributos, la invasión de tierras y el crecimiento del poder español fue creando un gran resentimiento, y poco a poco se fueron manifestando toda clase de protestas, sobre todo en el pueblo de Anenecuilco, que había sido un *calpulli* de los tlahuicas, quienes fueron "encomendados" a Cortés desde los primeros tiempos, e incluso trabajaron en la construcción de su palacio en Cuernavaca.

El descubrimiento de minerales en Cuautla trajo algunas modificaciones en el modo de producción; una buena parte de la región, incluyendo a Anenecuilco, se integró a una "administración de explotación minera" que tenía su sede en lo que fuera el palacio de Cortés.

Este fue el primer intento de industrialización de la región, pero no afectó el modelo agrícola tradicional, que seguía siendo, a través de la encomienda, la base de la economía y el paradigma en función del cual adquirirían sentido las formas de administración y gobierno. En esta época se fueron estableciendo los linderos de los feudos que llegarían a formar las haciendas, y que poco a poco se posesionaron de las tierras más fértiles, por lo que las protestas y los interminables litigios se convirtieron en un modo de vida regional.

Ya en México independiente, se pretende establecer una nueva forma de producción y relación humana, basada en el laicismo y el liberalismo. Con fundamento en una filosofía que propone la igualdad entre los hombres; aunque su principal propuesta es la modificación a ultranza del estilo de vida colonial, con lo que se pretende desactivar todas aquellas formas de manipulación y explotación de los indígenas, mismos que se habían institucionalizado en la colonia y que tenían sus raíces en la encomienda. Para el investigador Roger Bartra, la estructura y política colonial:

> ...destruyó en gran parte la propiedad comunal, pero fue la república liberal la que dio el golpe mortal que la liquidó; lo que no pudo lograr el sistema semifeudal lo alcanzó la república burguesa. La base del proceso de desintegración de las propiedades comunales fueron los intereses de la burguesía agraria e industrial, cristalizados en el conjunto de leyes que culminaron con la Ley Lerdo, de 1856, y la Constitución de 1857.

Pero en estos primeros tiempos la nación era débil en todo sentido, sobre todo en lo económico, lo que trajo consecuencias nefastas en todos los ordenes sociales, partiendo de una gran inestabilidad política, que fue el gran

11

estigma de la vida social del México independiente por más de medio siglo. En estas condiciones, el poder se fue fragmentando y focalizando de manera regional, dando lugar a las dificultades de comunicación, y sobre todo la gran inestabilidad política imposibilitaban la unificación nacional, creándose feudos y cacicazgos que actuaban de manera prácticamente autónoma.

En tales circunstancias se generalizaban las injusticias y por tanto el descontento. Las tensiones sociales alcanzaron estados de gravedad en la década de los cuarenta, a partir de movimientos políticos más amplios y virulentos, como fueron las guerras internas por la definición del poder, y las dos grandes guerras de intervención: la norteamericana y la francesa.

1

La reconquista de la madre tierra

Durante esos procesos de grandes dificultades para encontrar modelos de unión nacional, las comunidades indígenas se fueron desvinculando de un poder central —que era prácticamente inexistente—, por lo que se agudizaron los intentos de rebelión en todo el territorio nacional. En el norte, las incursiones de los apaches se volvieron más frecuentes y violentas; los indios yaquis y mayos se levantan en armas por la posesión de las tierras que habitaban y que, desactivada la ideología virreinal, volvían a considerar suyas. Y lo mismo sucede en el centro y el sur del país: en Temascaltepec se levantan los campesinos en contra de los hacendados. Poco después se producen movimientos en el estado de Hidalgo, seguidos por levantamientos en el estado de Guerrero. Aprovechando la invasión norteamericana, que mantenía ocupado al gobierno de Santa Ana, se desata en la zona maya una cruenta guerra de "descolonización", que se conoce como la *guerra de castas*, que duraría más de medio siglo; casi como secuela de aquélla, los indios tzeltales, en Chiapas, reivindican por las armas sus tierras y sus costumbres. En Nayarit, el cacique Manuel Lozada se levanta en armas y desconoce el gobierno central, ésta sería una larga guerra.

La desvinculación de México y España no fue para los indios un hecho de liberación nacional, sino un estímulo para buscar su propia independencia, y sobre todo la oportunidad para recuperar sus tierras; para ellos, el gobierno independiente, cualquiera que éste fuera, era tan ajeno como el virreinal, por lo que no es raro que hubiesen visto en Maximiliano de Habsburgo un aliado en contra de un poder central que, bien visto, no tenían por qué considerar *su* gobierno. Varios caciques indios lucharon al lado del emperador y en contra del gobierno de Juárez. Por su parte, Maximiliano procuraba no defraudarlos, a pesar de la debilidad de su imperio, perfiló a tal grado sus ideas agraristas e indigenistas que sus propios ministros lo acusaban de retomar el espíritu de las Leyes de Indias, limitando con ello el proyecto imperial y lesionando su propia capacidad de maniobra. Como una afirmación de su actitud benevolente, Maximiliano emite un decreto en el que reconoce la personalidad jurídica de las comunidades indígenas, y no fueron pocos los casos en los que se obligó a particulares a devolver las tierras y las aguas de las comunidades indígenas. Curiosamente, la primera "reforma agraria" de México fue implementada por el propio emperador, quien el 16 de septiembre de 1866 expide un *Decreto sobre el Fundo Legal* que establece la restitución y dotación de tierras a los indios, siendo sus principales disposiciones las siguientes:

Artículo 1. Los pueblos que carezcan de fundo legal y ejido tendrán derecho a obtenerlos siempre que reúnan las circunstancias designadas en los artículos siguientes:

Artículo 2. Se concede a las poblaciones que contengan más de cuatrocientos habitantes, y escuela de primeras letras, una extensión de terreno útil y productivo igual al fundo legal determinado por la ley.

Artículo 3. Los pueblos cuyo censo exceda de dos mil habitantes, tendrán derecho a que se les conceda, además del fundo legal, un espacio de terreno bastante productivo para ejido y tierras de labor, que *Nos* señalaremos en cada caso particular, en vista de las necesidades de los solicitantes.

Artículo 4. Los pueblos que no teniendo el número de habitantes que exigen los artículos anteriores quieran disfrutar de las ventajas que en ellos se conceden, podrán reunirse con otro u otros pueblos, hasta llenar las condiciones requeridas, en cuyo caso no sólo tendrán derecho al fundo legal y ejido, sino que el Gobierno les indemnizará el precio de los terrenos que abandonen al mudar de habitación.

Artículo 5. El nuevo pueblo que se forme con la aglomeración de dos o más, hasta reunir más de dos mil habitantes, disfrutará de las franquicias que el Gobierno le concederá en cada caso particular, para fomentar la formación de grandes poblaciones.

Artículo 14. Cuando los representantes de los pueblos descuidaren ejercitar los derechos que a éstos se conceden, o la primera autoridad política rehusare sin causa justa aprobar el nombramiento de la persona que debe representarlos, podrán los vecinos de aquéllos elevar directamente al Emperador sus quejas, por conducto de la Junta Protectora de las clases menesterosas, para que sean debidamente atendidos.

Artículo 20. Los terrenos que con arreglo a esta ley se concedan a los pueblos serán fraccionados y distribuidos entre sus vecinos, conforme a las leyes y bajo las condiciones que el Gobierno designe en la concesión.

Al restaurarse la República, volvería la indefinición agraria en todo el territorio nacional. En 1877 estalla en Hidalgo un movimiento indígena con el fin de afirmar la posesión de sus tierras. Entre 1879 y 1881, los indios de Tamazunchale pelean por recobrar ciertos terrenos que alegaban ser de su propiedad.

Con el ascenso del régimen porfiriano se introduce un conjunto de reglamentos llamados "Leyes de Baldíos", que en vez de aliviar las tensiones en el campo las avivaron. Sin embargo, la capacidad organizativa y represiva del régimen de Porfirio Díaz logró establecer un modelo de explotación de la tierra y de los indígenas tan eficaz que los movimientos de rebeldía se fueron diluyendo. A pesar de su ideología liberal, Porfirio Díaz restauró el sistema de proteccionismo colonial y en cierta manera revivió la encomienda, ahora convertida en *hacienda*, con todas las características de un sistema feudal que mantenía a los indios en un estado de sometimiento y estableciendo condiciones de dominio particular de los hacendados, lo que resultaba muy eficaz para mantener la calma social, aunque los indígenas volvían a quedar en condiciones de estricta sobrevivencia.

Zapata a caballo.

2

Prolegómenos de la Revolución

Desde la conquista hasta los inicios del siglo XX, los indígenas habían vivido toda clase de intentos de crear una entidad política y económica autónoma, es decir un verdadero Estado independiente; sin embargo todos estos proyectos eran entelequias incomprensibles para la mayoría de la población, que era la indígena; para ellos la única realidad era el terreno al que estaban vinculados desde tiempos inmemoriales y que para ellos era la vida misma.

En aquel mosaico indígena que resistió asido a la tierra y replegado en la atalaya vital de sus pueblos hay zonas de confrontación trágica como Yucatán, Nayarit o Sonora, y regiones en las que el conflicto adoptó formas en apariencia menos violentas, pero que en su misma persistencia, variedad e irresolución, y en la complejidad de sus elementos, se gestaba una violenta reacción. Ese es precisamente el caso de la región de Morelos, a pesar de que la Independencia no produjo, como en otras regiones, el aislamiento, el caos económico y la violencia. En el estado se produjo un cierto equilibrio de fuerzas y una relativa paz; aunque en realidad se trataba de un proceso en el que se estaban gestando nuevas condiciones de vida y de trabajo. Con la expulsión de los terratenientes españoles, las grandes extensiones de terreno que habían detentado fueron objeto de la ambición de la nueva clase dominante en México, compuesta básicamente por criollos. A mediados del siglo XIX ya se percibe en toda su intensidad la contradicción insuperable entre los hacendados y sus dependientes, sobre todo por el auge de la producción azucarera, lo que contribuye a desquiciar el modelo ancestral de producción, y con ello el estilo de vida.

La guerra contra los Estados Unidos es un nuevo estímulo para la inquietudes de los indios de Morelos, varios pueblos de la zona emprenden de nueva cuenta su lucha por la restitución de sus tierras. En 1848, los campesinos de Xicontepec, al sur de Cuernavaca, ponen los linderos de su propiedad en el patio mismo de la hacienda de Chiconcoac, y poco más tarde ocupan por la fuerza la hacienda de San Vicente, donde establecen por su cuenta nuevos linderos. En octubre de 1850, los indígenas de Cuautla, rompen la barda de piedra construida por el hacendado e invaden las tierras. En aquella ocasión, el gobierno estatal envía tropas desde Cuernavaca para reprimir las invasiones, pero los soldados son en su mayoría también indígenas de la región, y evitan el enfrentarse con los supuestos invasores, pues se identifican más con ellos que con sus jefes.

Teniendo una mayor información, el gobierno central no puede interpretar estas formas de autogestión y violencia como hechos particulares, sino que ven en ellos la manifestación de un descontento que se extiende por todo el territorio nacional y que resulta preocupante, pues pudiera generalizarse, para dar lugar a una verdadera guerra civil. Particularmente en la región de Morelos, la protesta aumenta constantemente, pero con un matiz especial que no es percibido por las autoridades de la capital, pero sí por las locales, como se puede observar en un informe aparentemente intrascendente, de 1850, en el que un funcionario político de Cuernavaca describe ese matiz especial que tiene la protesta y la rebeldía en Morelos: *La palabra tierra es aquí piedra de escándalos, el aliciente para el trastorno y el recurso fácil del que quiere hacerse de la multitud.*

En otro comunicado, el comandante general de Cuernavaca señala otro de los motivos de fondo de la postura agresiva de los indios: *Quieren dirigir la revolución lanzándose contra las personas de los españoles y haciéndolos asesinar.*

Ambos motivos están presentes en un suceso que impresionó a la opinión pública de la época. En 1856 la sangre llega al río en las haciendas de Chiconcoac y San Vicente; los campesinos las asaltan, matan a machetazos a los hacendados españoles y se hacen de armas y caballos. En la capital, los representantes de la facción conservadora atribuyen los brotes de rebeldía al general liberal Francisco Leyva, y a Juan Álvarez, quien había iniciado una serie de revueltas en Ayutla; ante estas acusaciones, Juan Álvarez responde con un "Manifiesto a los pueblos cultos de Europa y América":

> *La expropiación y el ultraje es el barómetro que aumenta y jamás disminuye la insaciable codicia de algunos hacendados; porque ellos lentamente se posesionan, ya de los terrenos de particulares, ya de los ejidos o los de comunidad, cuando existían estos, y luego con el descaro más inaudito alegan propiedad, sin presentar un título legal de adquisición, motivo bastante para que los pueblos en general clamen justicia, protección, amparo; pero sordos los tribunales a sus clamores y a sus pedidos, el desprecio, la persuasión y el encarcelamiento es lo que se da en premio a los que reclaman lo suyo... Si quisiera relatar la historia de las haciendas de los territorios de Cuautla y Cuernavaca, lo haría con la mayor facilidad, y cada página iría acompañada de quinientas pruebas; y entonces la luz pública, las naciones y los escritores sin dignidad ni decencia, verían el inicuo tráfico establecido entre los ladrones famosos y muchos hacendados.*

El movimiento de Reforma juarista no produce ningún alivio de las tensiones, antes bien, parece haber exacerbado el resentimiento de los indígenas, pues en esa época aparece en la región un grupo que para unos era revolucionario y para otros era simplemente un atajo de bandidos, de cualquier manera se les podría considerar disidentes y, por lo menos, símbolos del orgullo de la clase explotada, pues se vestían con elegancia, usando el clásico traje de charro, con muchos elementos de plata reluciente, por lo que se les llamaba los *Plateados*. Su jefe más connotado era Salomé Plasencia, conocido por su crueldad, pero también por su elegancia: usaba camisas de Bretaña bordadas, botas de campaña que escondían puñales, grandes y hermosos sombreros. Era un estupendo charro, "bandirelleaba y capeaba toros a pie y a caballo". Pero sus Plateados no se quedaban atrás: todos vestían de riguroso traje charro y muchos traían un águila bordada con hilo de plata en la espalda, moños y bufandas de colores vivos, botas vaqueras y hasta herraduras de plata. Es muy probable que los plateados realmente hayan sido bandidos, pues no eran gente de campo, y mucho menos de trabajo; además de que la postura de la gente del pueblo era ambivalente ante ellos; por supuesto eran admirados, pero también eran temidos, y de alguna manera afectaban los intereses de los campesinos; así que en algún momento se decidió acabar con las tropelías de ese grupo, formándose un contingente armado para combatir a Plasencia. Entre los hombres que integran esa partida se encuentra Cristino Zapata, vecino del pueblo de Anenecuilco, presumiblemente ancestro de Emiliano.

Los Plateados no se dejan sorprender, dejando su caballada escondida en Anenecuilco, Plasencia se desplaza a pie con sus hombres para emboscar a sus perseguidores. El comandante Sánchez, jefe de la batida, logra repeler el ataque. Al poco tiempo, Sánchez aprehende a Plasencia y aplica la justicia de manera personal y directa, fusilándolo primero para después colgarlo en la plaza de Jonacatepec.

Aquella fue una gesta que tiene visos de romanticismo, pero que no deja de ser significativa en la historia de la región, pues de cualquier manera revela el ánimo de organización para la autogestión en lo que pronto, en 1868, se convertiría en el Estado de Morelos, ya con plena personalidad jurídica en la federación.

En 1871, el primer gobernador, Francisco Leyva, informaba que se había ocupado ampliamente del cumplimiento de las leyes de Reforma, procediendo a la desamortización de las tierras comunales:

...dictando cuantas medidas ha creído conducentes para darle una conclusión satisfactoria, pero aún se necesitan mayores esfuerzos. La desamortización entre la clase indígena sólo se puede conseguir por medios indirectos, interesando en ella a los que, siendo de su raza, ejercen sobre sus compañeros alguna influencia, porque es tenaz la resistencia que oponen al reparto equitativo que podría hacerse.

Hacia el año de 1879 hubo conflictos en Jonacatepec, Cuautla y Cuahuixtla. Al diario socialista *El Hijo del Trabajo* llegó una carta de los vecinos de Cuautla, lo que se manejó como un artículo, en los siguientes términos:

En todo el estado, y con particularidad en los distritos de Jonacatepec y Morelos, están ya los pueblos desesperados por las tropelías de los hacendados, los que, no satisfechos con los terrenos que han usurpado a los pueblos, siguen molestándolos, quitándoles los caminos que han tenido desde tiempo inmemorial, las aguas con que regaban sus árboles y demás siembras, negándoles además las tierras para la siembra temporal y el pasto para el ganado de los pueblos, no sin apostrofarlos hasta de ladrones, sino al contrario. Por consiguiente, a cada momento se ve insultada la clase infeliz, sin atreverse a hacer valer sus derechos ante la justicia, porque don Manuel Mendoza Cortina, dueño de la hacienda de Cuagüixtla, dice que aquí la justicia para los pobres ya se subió al cielo, pues él tiene comprados al presidente y al gobernador, haciendo este señor su voluntad.

Emiliano Zapata.

En ese mismo artículo, los editores del diario señalan la peligrosidad de la situación social en el Estado, y la posibilidad de que el descontento rebasara los cauces legales y se canalizara por medio de la violencia.

Aquella predicción tenía serios fundamentos; pero en aquella visión catastrófica no estaba previsto el cambio de modelo económico que se implementaría en el porfiriato y sus efectos económicos, que, por lo menos en los primeros tiempos, produjeron un auge económico en la región; la construcción de vías de comunicación, especialmente el ferrocarril, y el desarrollo de los ingenios azucareros propiciaron el reacomodo del capital en lo que se configuraba como una modernización favorable a todos. Con las nuevas vías y las máquinas centrífugas, las antiguas haciendas se convirtieron en fábricas para el procesamiento del azúcar. El desarrollo fue tan importante que a finales del siglo XIX, los ingenios morelenses producían la tercera parte del azúcar del país y alcanzaban el tercer lugar mundial, lo que requería de una continua reestructuración, no sólo de las instalaciones, sino del modo de explotación de la tierra; pero más que nada, la propuesta capitalista a ultranza del porfiriato requería el aseguramiento de la tierra a favor de los grandes productores, lo que decididamente lesionaba, como nunca antes, el interés de las comunidades campesinas. Para su continua expansión, las haciendas necesitaban tierras y mano de obra; pero lo uno y lo otro requería de nuevas formas de explotación que necesariamente rompían con los antiguos patrones de relación, que eran de por sí conflictivos, pero que no constituían para los campesinos la amenaza real de perder sus tierras. El choque entre la vertiginosa modernización y el reclamo de las tierras eran en verdad el presagio de una gran rebeldía, pues esta vía hacia la modernidad volvía anacrónico el modo de producción tradicional y sobre todo la manera de explotar a los indígenas.

En esos tiempos, la economía de las comunidades giraba en torno de la actividad de las haciendas; la mayoría de la gente trabajaba el campo, pero también el comercio y toda clase de servicios, ya fuera de jornal o de casa dependían de los hacendados; esta situación se describe con gran objetividad por Erich Fromm y Michael Maccoby en su ensayo *Sociopsicoanálisis del campesino mexicano*.

La vida del peón apenas se podía diferenciar de la del esclavo. Al contrario de la propiedad feudal, la hacienda no ofrecía garantía o protección legal al peón. La hacienda hacía sus propias leyes. Aquellos que se rebelaban eran azotados y posiblemente expulsados de la hacienda, y de ahí en adelante eran puestos en la lista negra de las otras haciendas. Un peón que robaba en la hacienda podía ser ejecutado.

El peón vivía con el temor perpetuo de ser golpeado o de perder su medio de vida. Aprendió a bajar la cabeza ante sus amos, a sonreír ante los pequeños favores, a mostrar una sumisión abyecta. Aún entonces, prácticamente no habían esperanzas de mejorar. Tomando en cuenta la pobreza del peón y sus deudas perpetuas, no había modo de adquirir tierras, pues de cualquier manera eran escasas; y los dueños de la hacienda o sus administradores (ya que algunos dueños vivían en Europa), no estaban interesados en educar a los peones, los cuales eran para ellos más útiles como partes sumisas de una máquina agrícola.

A los peones, por lo general, se les pagaba en especie, con privilegios de tierra o de pastizal. La pequeña suma que se les adeudaba rara vez llegaba a sus manos, sino que iba directamente a pagar la cuenta de la tienda de raya, donde las deudas acumuladas por los padres eran heredadas por los hijos. Encadenados por estas deudas, la mayoría de los peones no podían abandonar la hacienda aunque se les hubiera ocurrido trabajar en otro lugar y, además, tenían el temor de que la vida fuera de ella pudiera ser peor. En pago de una obediencia ciega, la hacienda se encargaba de su alimentación y los tranquilizaba con bebida barata, fiestas y ocasionales espectáculos.

En una entrevista que realizó el periodista Rathbone se expresa un personaje del pueblo:

—Usted ya lo vio. Esta gente vive en la esclavitud.

—Parecería que no quieren salir de ella.

—No se confunda, en muchos de ellos arde un fuego tremendo. Quizá incendien todo algún día.

—¿Ese día está muy lejano?

—Ya hay signos de que no. En nuestra historia hay ejemplos de lo que sucede cuando ese fuego sale hacia fuera.

—Pero ellos no tienen posibilidades, no tienen armas, están oprimidos, enfrentan un poder infinitamente más poderoso que el de ellos.

—Es verdad, pero siempre fue así en todos lados y siempre el pueblo, los campesinos, se ingeniaron para sacudirse ese poder.

—¿Usted cree que sucederá algo así?

—Si eso no sucede terminaremos convertidos en un pueblo de esclavos. Ya casi somos eso, esclavos animalizados.

—¿Dónde está el nudo de todo este asunto?

—En la tierra.

—¿En la tierra?

—Sí, en la tenencia de la tierra.

En la paradójica propuesta del régimen porfiriano respecto del bienestar, se presenta, por un lado, la posibilidad de obtener empleo, aunque las condiciones de trabajo resultan inhumanas; pero por otro lado, el problema de la tenencia de la tierra se presenta para los campesinos como la reapertura de una herida ancestral que en realidad es una expresión de la historia de las comunidades y no la entelequia que significa para los poderes político y económico la historia nacional.

El proceso de cambio de modo de producción y la acumulación territorial que se vivió en México al fin del siglo XIX y principios del XX es descrito con gran lucidez por los autores rusos Alperovich y Rudenko, en su ensayo *La Revolución Mexicana*:

Este proceso de concentración de la propiedad territorial se debió en gran medida al despojo de las tierras comunales, que se realizó en gran escala en la segunda mitad del siglo XIX. Todo eso se remonta a la conquista española y se lleva a cabo a lo largo del periodo colonial. Sin embargo, después de la llamada Ley Lerdo, durante la revolución de los años cincuenta (1856), que prohibía a toda corporación adquirir cualquier clase de bienes inmuebles y poseerlos en propiedad privada, el proceso de expropiación de tierras comunales (ejidos) cobró auge. Las comunidades campesinas, según esa ley (confirmada por el artículo 27 de la Constitución de 1857) quedaban consideradas dentro de esa categoría. No obstante, el despojo en masa de las tierras de los campesinos y la acelerada penetración del capital extranjero en la agricultura y la monopolización, por parte de ese capital, de las ramas más importantes de la economía rural, estaban directamente relacionadas con la política agraria del gobierno de Díaz.

En los primeros años de la dictadura porfiriana se promulgaron leyes agrarias que tuvieron por objeto aumentar las posesiones territoriales de los grandes hacendados y de

*las compañías extranjeras, a costa de la expropiación de pe-
queñas propiedades y de tierras comunales. Dichas leyes eran
adversas a los campesinos indígenas, que constituían la base
fundamental del campo. De hecho, esas disposiciones condu-
jeron a una mayor concentración de la tierra, al fortalecimiento de la especulación y al notorio enriquecimiento de
muchos negociantes y de no pocos funcionarios. El más es-
candaloso de los actos legislativos que sirvieron de base a la
política agraria, fue el decreto sobre Colonización y Compañías Deslindadoras, del 15 de diciembre de 1883, promulga-
do por el presidente Manuel González. Según ese decreto,
las personas o compañías privadas podían obtener "terrenos
baldíos", con el pretexto de poblarlos. Con base en esta ley,
comenzó el deslinde de terrenos, lo que dio lugar a una serie
de despojos y especulaciones sin fin.*

Recuperando la entrevista:
—En Morelos este proceso adquirió características
monstruosas.
—¿Cómo fue?
—Las haciendas se agrandaban y tragaban pueblos y
aldeas.
—¿Y los campesinos?
—Algunos se quedaban trabajando en las haciendas.
Otros emigraban, como ya vimos.
—¿A dónde iban?
—A otras aldeas, ahí generalmente les sucedía lo mismo.
—¿Y entonces?
—Emigraban otra vez.
—De aldea en aldea.
—Sí, muchos se transformaban en braceros.
—Expulsados de su propia tierra.
—Sí.
—¿Eso sucedía sólo en Morelos?
—En todo el país, Morelos era algo así como la síntesis
de todo el resto.

—¿Y las empresas azucareras?

—Se asociaron con los grandes hacendados.

—Y se cerró el círculo.

—Sí.

—¿Y los medianos agricultores?

—También fueron devorados.

—¿Todos?

—La inmensa mayoría.

—¿En qué zona se daba más gravemente el problema?

—En las más fértiles, por supuesto; y en las cercanas a las vías del ferrocarril. Pero finalmente en todos lados.

Alperovich y Rudenko agregan:

Se entendían por "baldíos" todos aquellos terrenos cuyos propietarios no tenían posibilidades de certificar la legalidad de su posesión. Por otra parte, los grandes hacendados podían cercar sus tierras, que realmente eran baldías, y defenderlas de todo deslinde, pues eran apoyados por las autoridades locales y, a menudo, por los federales ...El total de las tierras acaparadas por las compañías deslindadoras durante el gobierno de Díaz ascendió a 25 millones, 723 856 hectáreas.

3

Un antiguo remolino

n el centro de la región de Morelos, el pequeño pueblo de Anenecuilco, es como el modelo representativo del clásico pueblo morelense; existiendo desde tiempos inmemoriales, aparece en el Códice Mendocino, como un pueblo tributario de los aztecas. El significado del lugar en lengua náhuatl es: "lugar donde el agua se arremolina", lo que pareciera una trasposición poética de una situación histórica. Después de la conquista, en 1579, el pueblo se ve forzado a defender su condición de cabeza de la región ante el Marquesado de Cortés, que pretende incorporarlo a otras cabeceras y obligarlo a realizar trabajos ajenos a su jurisdicción. En 1603, una vez más se pone en entredicho la identidad del pueblo, pues las autoridades pretenden fusionar varias comunidades para crear una nueva entidad, probablemente en busca de una despersonalización que permitiera su mejor manipuleo. Los otros dos pueblos, Ahuehuepan y Olintepec, ceden ante la presión y desaparecen como entidades autónomas; pero Anenecuilco se niega a la fusión y persiste en su unidad. En 1607, el virrey Luis de Velasco le concede *merced de tierras*, pero ese mismo año se las quitan para la construcción de una hacienda llamada *Hospital*.

En 1746 el pueblo había menguado tanto que lo componían solamente veinte familias que se mantienen firmes en la defensa de sus tierras en contra de la constante amenaza de incorporación por parte de las haciendas de Cuahuixtla, Hospital y Mapaztlán. En 1798 el pueblo pide tierras y se opone al acuerdo de la Real Audiencia a favor del hacendado Abad, dueño de Cuahuixtla. Al final del siglo se registra un aumento de población: en el censo de 1799 se registran 32 familias indias. En 1808, un testigo señala que los indios de Anenecuilco —entre los cuales aparecen algunos con el apellido Zapata— arrendaban tierras de la hacienda del Hospital, pues no les eran suficientes las suyas. Ese mismo año se ventila una diligencia entre Anenecuilco y la Hacienda de Mapaztlán en la que los representantes de ésta sostienen una declaración reveladora del rencoroso desdén hacia el pueblo:

> La población verdadera de Anenecuilco había venido en decadencia de muchos años a la fecha, de manera que no llegaban a treinta las familias de indios originarios del lugar; que por esa razón no tienen utensilios ni paramentos sagrados, por lo que cuando celebran misa los piden prestados al mayordomo del Señor del pueblo, don Fernando Medina, colector de la limosna, quien los ha hecho con la ayuda de los rancheros de Mapaztlán y los presta y los guarda según es necesario. Que las tierras que aún tienen los de Anenecuilco son muy superabundantes en relación con las que gozan otros pueblos compuestos de cien o más familias, y que por lo tanto las cultivan dejando muchas vacías o arrendando otras. Que permitiéndoles salir a los indios de las atarjeas de cal y canto para entrar en las tierras de la Hacienda, causarían un enormísimo daño, perjudicando las labores de la caña, y robándosela según acostumbran, por lo que se tiene que pagar un peón constantemente para ahuyentar los ganados y cerdos. Que del corto pedazo de tierra que tomarían dentro de la Hacienda apenas podrían sacar diez o doce pesos de renta anual o dos fanegas de sembradura de maíz, perjudicando en cambio a la Hacienda grandemente. Que la atarjea de la Hacienda es hecha a mucho costo y que no podría mudarse por

no permitirlo la situación de las aguas necesarias para las sementeras. Que la mayor parte de las tierras de que goza Anenecuilco se las dio la Hacienda cuando se erigió este pueblo en principios del siglo próximo pasado. Que en aquel tiempo, quedaron deslindadas las tierras de la citada Hacienda en la conformidad en que se hallan, y según la cual se hizo la atarjea sin contradicción de parte de los indios. Que por todo lo expuesto, los indios no se mueven ni se moverían si no mediara algún secreto impulso, puesto que no tienen necesidad de pedir tierras, ya que gozan de grandes ventajas respecto de otros infinitos pueblos, lo cual indica que los indios litigan por sugestión de algún enemigo de la Hacienda.

Por su parte, los indios de Anenecuilco revelan que la querella con las haciendas es tanto asunto de tierras como de dignidad, y quieren ver las resultas del litigio aunque con ello tuvieran que ceder las tierras que debían reintegrarles las haciendas del Hospital y Cuahuixtla; pero la época colonial terminó sin que sucediera ninguna de las dos cosas.

Algunos vecinos de Anenecuilco participaron en la Guerra de Independencia; tal fue el caso de Francisco Ayala, esposo de Justa Zapata, asesinada por los realistas en 1911. Desde la consumación de la Independencia hasta mediados del siglo XIX la región entra en un periodo de calma y reacomodo social; pero en 1853 el pueblo rehace el legajo de documentos y se vuelve a promover la vista del ancestral litigio de tierras contra el pueblo de Mapaztlán. En 1864 se aprovecha la instalación del imperio para elevar sus peticiones a Maximiliano. El emperador visita la zona de Cuernavaca frecuentemente, pues se dice que además del clima y la belleza del paisaje, lo llamaba el amor a una mujer que pasó a la historia como la "india bonita". Maximiliano tenía un punto de vista fresco y desprejuiciado respecto de la situación de los indios, y ellos así lo percibían, sobre todo en la región de Morelos; él escucha los reclamos del pueblo de Anenecuilco y les concede la razón, por lo que todo parecía resuelto favorablemente; pero el efímero imperio se desintegra antes de que se cumpla el proceso de adjudicación de las tierras y todo vuelve al punto de partida, es decir, a la indefinición que propicia el despojo.

Después del episodio de los Plateados, que tiene en Anenecuilco uno de sus principales escenarios, José Zapata, quien era un criollo oriundo de Mapaztlán, ejerce funciones de gobernador del pueblo, y tiene frente a sí el problema ya descrito del cambio de producción tradicional y la fuerte presión de los hacendados, metidos a productores de azúcar. Preocupado por la situación de su gente, en 1874, José Zapata envía una carta a Porfirio Díaz, en los siguientes términos:

> Los ingenios azucareros son como una enfermedad maligna que se extiende y destruye, y hace desaparecer todo para posesionarse de tierras y más tierras, con una sed insaciable.
>
> Cuando usted nos visitó se dio cuenta de esto, y uniéndose a nosotros prometió luchar y creemos, y más bien estamos seguros, de que así lo hará.
>
> Destruirá usted ésta, pues no es aún tiempo de que se conozca el pacto, como usted dice. Sólo es una recordatoria, para que esté este problema en su mente y no lo olvide.
>
> "No descansaremos hasta obtener lo que nos pertenece". Son sus propias palabras, general.
>
> Fiamos en la prudencia que le es a usted característica en que nos disimulará nuestro rústico pero leal lenguaje.

Con el Plan de Tuxtepec, Porfirio Díaz logra derrocar a Sebastián Lerdo de Tejada y asume el poder, contando con el apoyo popular, y en especial de los campesinos, pues una de las principales banderas de Díaz era la derogación de las leyes que desde Juárez hasta Lerdo habían servido a los hacendados para la adjudicación de tierras. Apenas instalado en la presidencia, Porfirio Díaz recibe una nueva carta, del pueblo de Anenecuilco:

Los tan conocidos para usted, miembros de este club de hijos de Morelos, nos dirigimos nuevamente a usted con el respeto debido para hacerle presentes nuestros agradecimientos por la gran ayuda que hasta ahora nos ha prestado.

Recibimos su nota de comunicación y estamos satisfechos con los adelantos que ha proporcionado a nuestra causa.

Como le hemos estado remitiendo constantemente cartas recordatorias, creemos que no se ha olvidado de nosotros, aunque su última contestación fue del 13 de enero del pasado, sabemos que esto se debe a sus muchas ocupaciones.

General, no tendremos con qué pagarle si podemos realizar nuestro anhelo y salimos victoriosos en este trance tan difícil para nosotros.

Nos damos cuenta de que el problema es bien difícil, pero tenga usted en cuenta que estamos decididos a luchar hasta el fin, junto con usted. Y hemos resuelto todos de común acuerdo, que es preferible que desaparezca la gran riqueza que constituyen los ingenios azucareros (que luego podrá repararse), a que se sigan apoderando de nuestras propiedades hasta hacerlas desaparecer.

Tenemos fe y confiamos en que algún día la justicia se haga cargo de nuestros problemas, guardamos con celo los papeles que algún día demostrarán que somos los únicos y verdaderos dueños de estas tierras.

Las miras de usted, general, hasta hoy siempre han sido justas y nosotros hemos seguido fielmente sus pasos, no creemos ser dignos de olvido.

No estamos reprochando nada, pero queremos estar seguros de que no nos ha olvidado.

De quien sí hemos recibido correspondencia es del Lic. Don Justo Benítez que está con nosotros y también nos apoya en todos los puntos.

Dispense que distraigamos sus ocupaciones, pero el asun-

to no es para menos, estamos al borde de la miseria unos y los otros han tenido que emigrar por no tener alimentos para los hijos. Los de los ingenios cada vez más déspotas y desalmados. No queremos cometer con ellos algún acto de violencia, esperaremos con paciencia hasta que usted nos dé la señal para iniciar nuestra lucha.

Confiamos en que usted tampoco ha dado nada a conocer, pues sería peligroso en estos momentos.

Con gran pena le comunicamos el fallecimiento de nuestro querido presidente y a quien considerábamos casi como un padre. Mientras me han nombrado a mí, pero es seguro que no quede de fijo, pues hay otros que más lo merecen.

El presidente Díaz tenía presente el problema, pero es claro que no la solución, pues en la citada carta aparece una nota de su puño y letra que dice:

Contestarles en los términos de siempre. Estoy con ellos y los ayudaré hasta lo último. Siento la muerte del señor Zapata, pues era un fiel servidor y capaz amigo.

En 1878, el hacendado de Cuahuixtla, Manuel Mendoza Cortina, recanaliza el agua hacia sus tierras de labranza, despojando a los campesinos del líquido, lo que, obviamente, para ellos era un asunto de vital importancia. Uno de los mandatarios del pueblo, Manuel Mancilla, entabla con él pláticas que pretendían ser conciliatorias pero sin informar al pueblo, por lo que la gente se considera traicionada y Mancilla es víctima de la venganza popular; se dice en una reseña que:

...su cuerpo quedó tirado en el Cerro de los Pedernales, en el camino a Hospital, y lo enterraron fuera del pueblo por traidor, al pie de unos cazahuates blancos, junto al río.

Como veremos más adelante, en la ideología de Zapata y de su gente, el mayor crimen que puede cometer un hombre es la traición a los ideales de los suyos. El valor de la lealtad y la solidaridad está presente siempre en las relaciones sociales; sin duda este principio de valor es uno de los pilares de la revuelta zapatista; independientemente de los fines políticos, económicos o de la necesidad de reivindicar las tierras, los campesinos de Morelos luchan porque sus hermanos están en la lucha; entre ellos es indefinida la frontera entre el ser individual y el ser social.

La llamada "paz porfiriana" no fue nunca un hecho sensible en Anenecuilco, constantemente se producen enfrentamientos con los caciques y grandes terratenientes. En 1882, el hacendado de Hospital se queja de que los animales del pueblo invaden y maltratan sus cañaverales, a partir de ese hecho, que no es propiamente un acto de violencia, los campesinos comienzan a comprar armas, y éstas no se manejan como elementos de defensa personal, sino que se comienza a reunir un arsenal comunitario, lo que resulta altamente significativo. En 1885 se produce otro enfrentamiento en Cuahuixtla, esta vez por linderos de tierras. En 1887 la población sufre la destrucción del barrio oriental, llamado Olaque, agresión que se atribuye al hacendado Mendoza Cortina. En 1895, Vicente Alonso Pinzón, español, nuevo dueño de Hospital y de otra hacienda aledaña, Chinameca, ocupa sin mayor trámite tierras de pasto del pueblo, mata sus animales y coloca cercas de alambre. Todo parece orillar al recurso de la violencia; pero, en 1900, tal vez como un acto de confianza en Porfirio Díaz, Anenecuilco vuelve a tomar el camino de la legalidad; pide al Archivo General de la Nación copias de todos los documentos que pudieran acreditar la propiedad de las tierras para el pueblo y encarga el caso a uno de los abogados más reconocidos de la época, Francisco Serralde. Después de analizar los títulos, Serralde opina: *Los títulos amparan plenamente las 600 varas de terreno que se concedieron a los naturales de Anenecuilco por decreto y por ley.*

Con el dictamen en la mano, en 1906 los vecinos apelan

al gobernador, quien promueve una serie de pláticas con los representantes de la hacienda de Hospital. Un año más tarde, en vista de que ninguna de sus demandas parece progresar en lo más mínimo, una comisión de vecinos de Aneneciulco visita a Porfirio Díaz en la vecina hacienda de Tenextepango, propiedad de Ignacio de la Torre, yerno del presidente. En esta reunión Porfirio Díaz les promete ocuparse personalmente del asunto, tal como había dicho en varias ocasiones a lo largo de cuarenta años. Por su parte, el gobernador no considera lo suficientemente probatorios los documentos mostrados, dado que muchos de ellos datan del virreinato y los derechos son cuestionables, tanto a partir de las leyes de los primeros gobiernos independientes, como de las Leyes de Reforma, de la época juarista. Finalmente, las cosas vuelven a quedar como estaban antes, en la total indefinición para los naturales de Anenecuilco y en la posesión *de facto* para los dueños de las haciendas e ingenios azucareros.

4

Se enciende la mecha

n 1909, no sólo el gobierno regional se había empanta-
nado en sus propias contradicciones, sino el régimen
porfirista en su totalidad, entonces se precipitó la crisis política general y en particular la que se había venido gestando desde mucho tiempo atrás entre pueblos y haciendas,
exacerbada por la modernización. Esto se conjugó con un
renacimiento político inusitado en la propia región. Madero solía decir, con plena razón, que el primer estado que
ejerció su derecho a la libertad fue Morelos. A la muerte
del gobernador Alarcón los hacendados pensaron que lo
más natural era imponer un gobernador hacendado, y pro-
movieron ante el Gran Elector, que por supuesto era el presidente Díaz, la candidatura de Pablo Escandón. Pero la
entrevista Díaz-Creelman no había pasado inadvertida. A
principios de 1909 persistía en varios pueblos el recuerdo
de las viejas banderas liberales de la Reforma y la Intervención. De pronto, tomando las palabras de Díaz a Creel-
man al pie de la letra, en Morelos se propuso la candidatura
independiente de Patricio Leyva, hijo del general Francisco Leyva, quien fuera el primer gobernador del estado y
fuerte opositor de Porfirio Díaz en su contienda contra
Lerdo. Para apoyar la campaña de Leyva se realizaron mí-
tines políticos y toda clase de actos cívicos, pero, como era
de esperarse, en esos actos se reavivaron los reclamos de
tierras y aguas y se dieron manifestaciones de descontento

popular, lo que trajo como consecuencia la también previsible represión. Un comentarista de la época escribió:

> No creo que la Revolución Francesa haya sido preparada con más audacia y materiales de destrucción que como se está preparando la mexicana. ¡Estoy espantado! Los oradores de Leyva, sin empacho ni vergüenza, han enarbolado la bandera santa de los pobres contra los ricos.

Más adelante señala como cerebro intelectual del movimiento de Leyva a un profesor de la Villa de Ayala, señalado como "anarquista", empeñado en redimir a los oprimidos y erigir en Tlaltizapán la capital del "proletariado mexicano"; se trataba de Otilio Montaño.

Ese mismo año, siguiendo por la vía legal, el pueblo presenta una nueva demanda:

> Don Vicente Alonso, propietario de la Hacienda del Hospital, trató de despojar nuestros ganados que allí pastaban y no nos permitía seguir haciendo uso de las campos de sembradura que nosotros siempre habíamos cultivado, por decirse dueño de esa posesión, que nosotros mantenemos y hemos mantenido, por indeterminado lapso de tiempo por ser exclusivamente nuestra propiedad.

Aquel año de 1909 sería el más difícil para la comunidad. En junio, el administrador de Hospital decidió dar un paso firme y decidido, pero hacia su propio fin, pues se negó a facilitar las tierras ni siquiera en arrendamiento.

En septiembre se realizan elecciones para designar un nuevo presidente municipal en Anenecuilco y resulta triunfador el joven Emiliano Zapata. Su primera ocupación es el estudio de los documentos que sustentan las peticiones de propiedad de la tierra por parte de la comunidad, muchos de ellos en náhuatl, que según algunos historiadores era la lengua materna de Emiliano.

En octubre, Zapata busca el patrocinio del licenciado Ramírez de Alba y el consejo del escritor y luchador social Paulino Martínez, pero todo sin el menor éxito. En una frase trágicamente célebre, el administrador de Hospital responde así a sus reclamos: "Si los de Anenecuilco quieren sembrar, que siembren en maceta, que ni *tlacolol* (laderas de los cerros) han de tener tierras".

A mediados de 1910, el pueblo de Anenecuilco parecía condenado a desaparecer, las querellas legales en contra de los hacendados parecían haber sido contraproducentes y muchos campesinos de hecho ya no tenían tierras donde sembrar. Algunos vecinos habían dejado el pueblo y muchos pensaban hacer lo mismo, víctimas del desaliento y la pobreza; el pueblo mismo parecía ya ser parte de la gran hacienda de Hospital, propiedad de la familia Alonso.

La vía de la legalidad había resultado no sólo ineficaz, sino hasta contraproducente para los campesinos. Muchos de ellos habían sido despojados oficialmente de las tierras que habían sido su sostén por varias generaciones, y quienes todavía detentaban la posesión estaban sujetos a la revisión de los títulos de propiedad, en virtud de la interpretación, siempre sesgada, de la Ley de Bienes Raíces y toda clase de reglamentos, que después de larguísimos procesos judiciales, resultaban favorables a los hacendados. Todo ello exacerbaba los añejos rencores y daba lugar a nuevas contradicciones, cada vez más difíciles de manejar.

Como un acto de franca hostilidad hacia los campesinos, el dueño de la hacienda de Hospital envió a gente armada para impedir que los habitantes de Anenecuilco cultivaran las tierras que ya se consideraban incorporadas a la hacienda. Una vez más, los campesinos recurrieron a la legalidad e iniciaron un proceso de interdicción en contra de aquella medida; pero el juicio se alargó hasta la entrada de las lluvias, con lo que los campesinos se vieron muy presionados, pues si no conseguían rápidamente un fallo en su favor, perderían la oportunidad de sembrar, y con ello su elemental sustento.

En otro acto de prepotencia e incluso desprecio a las leyes, antes de que se dictaminara acerca de la situación de las tierras, la familia Alonso las arrendó a terceros, asumiendo la propiedad por la vía de hecho. Ante esta nueva agresión, Zapata se decidió a responder de la misma manera, y con un centenar de hombres armados tomó por la fuerza las tierras en litigio. Los guardias de la familia Alonso, también armados, no opusieron resistencia.

La toma de tierras por campesinos armados ya no era un hecho excepcional, tanto en Morelos como el resto del país. El régimen de Porfirio Díaz había alcanzado ya el límite de la tolerancia de los campesinos, entendiendo que ese límite era el hambre, y no solamente la indignación por las injusticias que se cometían en su contra. Habría que considerar que en ese momento de la historia más del noventa por ciento de la tierra cultivable estaba en manos de los grandes hacendados, que no rebasaban ochocientas familias en toda la nación.

También en las ciudades se vivía la depresión económica, los salarios de los obreros eran insuficientes para el sostenimiento de las familias y se generalizaba el desempleo. En el terreno político se vivía un estado de gran represión, pues el régimen había rebasado ya su capacidad de gestión.

El descontento se extendía por todos lados, y ése fue el caldo de cultivo de la oposición política, liderada por Madero, la que se fue gestando con mucha rapidez, tanto por la situación interna como por el hecho de que el gobierno de los Estados Unidos veía con buenos ojos el derrocamiento de Díaz, quien se había convertido en un aliado molesto y conflictivo; además de que su acercamiento a Europa les resultaba inquietante.

Pero la rebelión armada era ya un hecho en todo el país, y ésta difícilmente podía ser contenida en los programas políticos, pues tenía raíces históricas y sociales profundas, y por tanto independientes de las coyunturas políticas o los posibles cambios administrativos.

En abril de 1910, los habitantes de Anenecuilco envían una carta al gobernador, pero en términos políticos, evitando cualquier expresión que pudiera ser tomada como provocación:

> *Estando próximo el temporal de aguas pluviales, nosotros los labradores pobres debemos comenzar a preparar los terrenos de nuestras siembras de maíz; en esta virtud, a efecto de poder preparar los terrenos que tenemos manifestados conforme a la Ley de Reavalúo General, ocurrimos al Superior Gobierno del Estado, implorando su protección a fin de que, si a bien lo tiene, _e sirva concedernos su apoyo para sembrar los expresados terrenos sin temor de ser despojados por los propietarios de la Hacienda del Hospital. Nosotros estamos dispuestos a reconocer al que resulte dueño de dichos terrenos, sea el pueblo de San Miguel Anenecuilco o sea otra persona; pero deseamos sembrar los dichos terrenos para no perjudicarnos, porque la siembra es la que nos da la vida, de ella sacamos nuestro sustento y el de nuestras familias.*

Ante la indiferencia del gobierno estatal, los campesinos vuelven a intentar un llamado de atención hacia la presidencia de la república. Porfirio Díaz les contesta que ha vuelto a recomendar el asunto al gobernador interino del Estado, quien de inmediato los recibe en Cuernavaca y les solicita una lista de las personas agraviadas. A los dos días el pueblo le envía el documento, en el que se deja ver la conciencia histórica de los campesinos:

> *Lista de las personas que anualmente han verificado sus siembras de temporal en los terrenos denominados Huajar, Chautla y La Canoa, que están comprendidos en la merced de tierras concedidas a nuestro pueblo el 25 de septiembre de 1607, por*

el Virrey de Nueva España, hoy México, según consta en el
mapa respectivo, y de cuya propiedad nos ha despojado la
Hacienda del Hospital.

A mediados de 1910, Emiliano Zapata advierte que las cosas ya han llegado al límite de la legalidad y vuelve al terreno de los hechos, apoyados por las armas: se procede a ocupar las tierras y a repartirlas conforme a los criterios de la presidencia municipal. El jefe político de Cuautla, José A. Vivanco, prefiere no intervenir directamente para no exponerse a un serio enfrentamiento y probablemente turna el caso al gobierno central. Poco tiempo después el presidente Díaz ordena a la sucesión del hacendado Alonso devolver las tierras a los campesinos de Anenecuilco. En diciembre de 1910 Zapata y su gente extiende el reparto de tierras a zonas que incluyen a los pueblos de Mayotepec y Villa de Ayala. El funcionario del gobierno, José Vivanco, seguramente consciente de que el movimiento de los campesinos guiados por Emiliano Zapata ya no era reversible, prefiere participar de la alegría que causaban aquellas reivindicaciones entre los habitantes de la población, para después desaparecer con toda discreción.

5

Emiliano Zapata

Sin duda, Emiliano Zapata es uno de los personajes más significativos de la historia de México, pero también uno de los más complejos; su personalidad se resiste a un análisis objetivo y directo; para acercarnos a su personalidad, tendríamos que romper un poco con la sensación de seguridad que nos da la lógica inductiva y entrar en el campo de la simbología, como expresa el historiador Enrique Krauze en su brillante ensayo:

> *Para el biógrafo, el método deductivo es terreno vedado; puede inducir sus generalizaciones a partir de datos breves y particulares, pero el procedimiento inverso es peligroso. Con todo, en el caso particular de Emiliano Zapata, hay verdades que pueden partir de generalizaciones previas y no tener más demostración interna que los hechos a los cuales esas verdades dieron lugar.*
>
> *Cabe afirmar, por ejemplo, sin que para ello existan documentos probatorios, que la verdadera patria de Zapata no fue México, ni el estado de Morelos, ni siquiera el distrito de Villa de Ayala, sino la tierra que lo nutrió y que llevaba en su seno una larga historia de agravios, lo que atesoraba como el símbolo de su autenticidad, lo que en términos raciales, formales y lingüísticos había dejado de ser una comunidad indígena, pero seguía constituyéndola en zonas del ser más profundas, que concebía aún el entorno con un amenaza; que*

Emiliano Zapata.

insistía en reivindicar el derecho a sus tierras, no tanto por la necesidad económica, sino por el afán de que el enemigo geográfico y fatal — las haciendas — reconociese su derecho a existir tal como había ordenado la autoridad en el origen, sancionando derechos aún más antiguos, arrancados quizá a los aztecas, que una y otra vez, generación tras generación, con creciente indiferencia hacia los azares de otras historias que no fueran la propia, acudía a las autoridades con la merced de Luis de Velasco en la mano, como si 1607 hubiese sido siempre el día de ayer. Un ser que desconfiaba de todo y de todos, de las autoridades más que de nadie, pero que no por eso perdía la esperanza de recobrar lo propio, lo entrañable, lo que les había sido robado... Aquella comunidad, Anenecuilco, fue la verdadera patria de Zapata; de aquel pequeño universo no sólo conocía la historia, sino que la encarnaba. Todo lo demás le era abstracto, ajeno.

Emiliano nació el 8 de agosto de 1879; sus padres se llamaron Cleofas Salazar y Gabriel Zapata. Él fue el noveno de una prole de diez hijos. Se dice que su primer pantalón lo adornó con monedas de a real, como si con ello quisiera emular a los antiguos Plateados, quienes se habían convertido en un mito romántico en la región, y seguramente eran también un mito familiar, aunque el propio tío de Emiliano, Cristino Zapata, había combatido en contra de ellos, cuando se les consideraba simplemente bandidos. El otro hermano de su padre, Chema Zapata, le regaló una reliquia: "un rifle de resorte y relámpago de los tiempos de la plata".

Emiliano cursó la primaria en la escuela de su pueblo y tuvo una niñez tranquila, aunque vivió en un ambiente de lucha y tensión; se dice que de niño padeció en carne propia la invasión de las huertas y casas del barrio de Olaque, perpetrada por el hacendado Manuel Mendoza Cortina, en 1887.

La familia Zapata gozaba de prestigio en su comunidad y tenía una cierta estabilidad económica; cuando Emiliano tenía dieciséis años, muere su padre, pero la familia no queda en el desamparo, pues además de tener sus tierras y animales, había en la familia muchos brazos para el trabajo. Emiliano nunca vivió la terrible condición de pobreza de muchos de sus compañeros. Años más tarde, Emiliano hablaba de su situación en estos téminos:

Tengo mis tierras de labor y un establo, producto no de campañas políticas sino de largos años de trabajo honrado y que me producen lo suficiente para vivir con mi familia desahogadamente.

De joven logró tener un hatajo de mulas con las que recorría los pueblos de la región, transportando diversos productos, lo que le permitía un buen ingreso. Por un tiempo acarreó cal y ladrillos para la construcción de la hacienda de Chinameca.

Además de esas labores de arriería, sus tierras de cultivo le daban también una ganancia satisfactoria:

Uno de los días más felices de mi vida fue aquel en el que la cosecha de sandía que obtuve con mi personal esfuerzo me produjo alrededor de quinientos o seiscientos pesos.

En 1910, Zapata tenía un capital de 3 000 pesos, lo que no era nada despreciable en la época. Él siempre tuvo el orgullo de tener un estilo de vida exitoso y no depender del trabajo enajenante y mal pagado en las haciendas.

Como ranchero independiente, podría haber tenido los vicios que eran comunes entre los de su condición, que eran principalmente el alcoholismo y la irresponsabilidad; aunque se dice que era muy orgulloso de su gallardía y dado a los lances de amor. Pero su porte no sólo atraía a las mujeres, sino también a todos los que se topaban con él, pues era el prototipo del "charro": elegante y bien plantado. Se presentaba en las plazas de toros montado en los mejores caballos, sobre las mejores sillas vaqueras. Su impecable figura no tenía afectaciones ni rebuscamientos, era clásica a su manera. Mucho en él recordaba a los Plateados. Así es como lo describe su secretario, Serafín Robles:

> *Los arreos de su caballo eran: silla vaquera, chaparreras bordadas, bozalillo, cabresto, gargantón y riendas de seda con muchas motas, cabezadas con chapetones de plata y cadenas del mismo metal, machete, de los llamados costeños, colgaba al puño de la cuarta, reata de lazar y un buen poncho en el anca del caballo. La indumentaria del general Zapata en el vestir, hasta su muerte, fue de charro: pantalón ajustado de casimir negro con botonadura de plata, sombrero de charro, chaqueta o blusa de holanda, gasné al cuello, zapatos de una pieza, espuelas de las llamadas amozoqueñas y pistola al cinto.*

El propio Robles afirmaba que en todo el sur "no había otro charro" como don Emiliano Zapata:

> *... desparecía como un relámpago... volaba sobre su caballo... era montador de toros, lazador, amansador de caballos y travieso como el que más en charrerías; pues picaba, ponía banderillas y toreaba a caballo y también a pie.*

Esas habilidades charras no sólo reportaron a Emiliano beneficios estéticos y amorosos, sino también económicos, pues el propio yerno de don Porfirio, Ignacio de la Torre, que se pasaba largas temporadas en su hacienda, le tenía especial deferencia y confiaba en él para ciertos negocios relacionados con los caballos.

Como ya hemos visto, la preparación académica de Emiliano fue elemental, aunque con cierto privilegio, pues él al menos terminó la primaria y pudo desarrollar una buena capacidad para la lectura, lo que abrió para él un panorama que no era común en su ambiente social; pero su desarrollo intelectual y su conciencia social dio un gran paso en 1906, pues en ese año llegó a Anenecuilco un ideólogo revolucionario llamado Pablo Torres Burgos, quien vivía del comercio, y sobre todo vendía libros. Emiliano rápidamente se hace amigo de Torres, participa de las tertulias en su casa y, lo que es más importante, tiene acceso a su biblioteca, que aunque no era muy nutrida, se especializaba en temas políticos y sociales. Zapata encuentra en esta relación con el profesor Torres un fuerte estímulo para el afinamiento de aquella conciencia social que ya tenía por tradición, y además de acceder a los libros y a la discusión de ideas con el grupo de Torres, se vuelve un asiduo lector de las mejores publicaciones periódicas de la época, muchas de ellas de oposición, como *El Diario del Hogar* y *Regeneración*.

Al poco tiempo, en Villa de Ayala, ocurre un milagro intelectual semejante, pues llega al pueblo el profesor Otilio Montaño, quien sí imparte clases formales y defiende con fervor una postura filosófico-política de menor reflexión, pero de más acción, basada en las obras del príncipe Kropotkin, considerado el padre del anarquismo, y alimento ideológico de todos los revolucionarios del mundo en aquellos tiempos. Zapata se identifica mucho con el profesor Montaño, lo hace su amigo íntimo, su ideólogo y también su compadre.

En 1908, Emiliano realiza una de sus muchas hazañas amorosas, raptando en Cuautla a una bella muchacha llamada Inés Alfaro, a quien le pone casa y con la que llega a procrear tres hijos, un varón y dos niñas.

Pero el padre de Inés, Remigio Alfaro, no se queda con el agravio y denuncia el hecho ante las autoridades, solicitando justicia. En realidad, en ese contexto social, un hecho de esta naturaleza no constituía propiamente un delito; sin embargo, Emiliano es aprehendido por las autoridades y, a manera de castigo, se le enrola en el séptimo batallón del ejército regular, donde no dura mucho tiempo, ya que un año después participa activamente en la campaña de

Leyva, como un integrante del club "Melchor Ocampo", creado por Torres Burgos en Villa de Ayala, además de participar con el Club Democrático Liberal de Morelos, con sede en Cuernavaca. Esta entrada en la política representa ya un acercamiento claro y activo a la lucha social, y expresa una voluntad de acción que más tarde lo llevaría a la toma de las armas, ante el agotamiento de toda instancia política.

En septiembre de ese mismo año, los vecinos de Anenecuilco lo nombran presidente del "Comité de Defensa". Sotelo Inclán reseña la escena:

> Terminada la junta, los jefes llamaron aparte a Emiliano y le entregaron los papeles que guardaban, y que son los mismos que han llegado hasta nosotros. Emiliano los recibió y, junto con el secretario Franco, se puso a estudiarlos. Franco estuvo con Emiliano durante ocho días en el coro de la iglesia leyendo los papeles y tratando de desentrañar los derechos en ellos establecidos. Durante estos días suspendieron todos sus trabajos y sólo bajaron para comer y dormir. Fue así como el futuro caudillo bebió las profundas aguas del dolor de su pueblo y se vinculó estrechamente al destino de sus remotos abuelos indios. Teniendo a la vista el mapa tradicional y queriendo saber lo que decían sus leyendas en idioma azteca, Emiliano envió a Franco al pueblo de Tetelcingo, cercano a Cuautla, donde se conserva aún el idioma náhuatl, lo mismo que muchas costumbres indias. No fue fácil para Franco hallar quien supiera leer aquellas palabras nahoas. Ni siquiera el maestro del pueblo supo traducir su significado y Franco fue a ver al cura del lugar, quien era un indio originario de Tepoztlán, tierra de grandes nahuatlatos. El cura pudo descifrar los nombres indígenas y Franco regresó con el resultado al pueblo.

Zapata va adquiriendo un fuerte carisma de líder entre la gente del pueblo, lo que comienza a preocupar a las autoridades porfirianas de la región; por lo que en enero de 1910, es encarcelado e incomunicado por tres días, el cargo, según las autoridades, fue el "haberlo encontrado vagando en estado de ebriedad", pero el amparo que interpone su hermana, María de Jesús, está sin duda más cerca de la verdad: se le había aprehendido para forzarlo a dar "su cuota de sangre y humillación al servicio de las armas", pues en realidad lo que se pretende es volverlo a enrolar. En efecto, en febrero se le consigna al ejército, pero en marzo sale libre por intercesión de *Nachito*, o sea, Ignacio de la Torre, el yerno de Porfirio Díaz. Zapata retribuye el favor arrendándole sus caballos e interviniendo en una escena que, muchos años después, recordaría la nieta de Porfirio Díaz:

> *En la boda de Nachito con Amada Díaz, un caballo de la procesión perdió el paso y desbocó. De pronto, un charro decidido se abalanzó sobre él para amansarlo y evitar un desaguisado: era Emiliano Zapata.*

A mediados de 1910, Zapata comienza su campaña de acciones directas y toma por la fuerza las tierras de Aneneucilco. A fin de año siembra de nuevo sus sandías y en una de tantas novilladas sufre una cornada en un muslo. Siguiendo una costumbre ancestral, Zapata guarda en una caja sellada todos los documentos que durante siglos fundamentaron las querellas legales del pueblo respecto de la propiedad de sus tierras, y finalmente la entierra en un lugar sólo conocido por unos cuantos. Eso bien parece un acto mágico, simbólico, pues con ello queda sepultado un modo de búsqueda de justicia que no ha resultado productivo, se deja la memoria del pasado a buen resguardo y se vuelve la mirada hacia el futuro. Pero, por supuesto, la memoria es sagrada, por lo que Zapata encomienda aquél tesoro a Robledo, y en un acto de amenazante solemnidad le dice: "Si los pierdes, compadre, te secas colgando de un cazahuate".

6

Pequeñas y grandes revueltas

Aquel pequeño foco de rebeldía en Anenecuilco no hubiera tenido mayor trascendencia en la historia de México si no se hubiera dado en el momento justo y como parte de un proceso de cambio que ya se encontraba en marcha en todo el país. En aquellos momentos, el cambio tenía un tono político, y era liderado por Francisco I. Madero. Zapata había decidido ya enterrar la opción de la política y la legalidad, pasando a la claridad contundente de los hechos; pero también sentía como válido y esperanzador el Plan de San Luis y en especial su propuesta de reforma agraria, en la que se prometía restituir a las comunidades las tierras que habían usurpado las haciendas, y lo mismo pensaban sus asesores intelectuales, Torres Burgos y Montaño, quienes además eran sus amigos incondicionales. Tan pronto estalla la Revolución, los vecinos de aquellos pueblos deciden enviar como su representante en San Antonio a Pablo Torres Burgos. Mientras tanto, en Tlaquiltenango, un veterano de la guerra contra los franceses, Gabriel Tepepa, se levanta en armas. En Huitzuco, Guerrero, hace lo propio el cacique Ambrosio Figueroa. En Yautepec, Otilio Montaño exclama en un discurso: "Abajo las haciendas, que vivan los pueblos", palabras con las que comienza la revolución zapatista; a este respecto, escribe Octavio Paz Solórzano:

El día que abandonó Jojutla, Zapata mandó llamar a su gente en el zócalo para emprender la marcha. Él estaba montado

en el caballo retinto regalado por el cura, en el centro, rodea-
do de algunos de sus jefes, cuando de repente se oyó una
detonación. Al principio nadie se percató de lo que había pasado, pues los soldados acostumbran constantemente dispa-
rar sus armas, como una diversión, y se creyó que el tiro que
se había escuchado era uno de tantos de los que disparaban
los soldados al aire, pero Zapata había sentido que se le la-
deaba el sombrero; se lo quitó y vio que estaba clareado, los
jefes que estaban cerca de él, al ver el agujero comprendieron
que el balazo había sido dirigido en contra de Zapata: vieron que el que había disparado se encontraba en el edificio de
la jefatura política, y al dirigir la vista hacia dicho edificio
miraron a un hombre que precipitadamente se retiraba de
uno de los balcones. Esto pasó en menos de lo que se cuenta.
Los que estaban más cerca de Zapata se precipitaron hacia la
Jefatura Política, pero Zapata gritó: "Nadie se mueva", y sin
vacilación alguna movió rápidamente el magnífico caballo
que montaba hacia la puerta de la Jefatura, y dándole un fuerte
impulso lo hizo subir por las escaleras del edificio, ante la
mirada atónita de los que presenciaban esta escena, quienes
desde abajo pronto lo vieron aparecer detrás de los balcones,
recorriendo las piezas del Palacio Gubernamental, con la carabina en la mano. Una vez que hubo revisado todas las ofi-
cinas, sin encontrar a nadie, jaló la rienda del caballo,
haciéndolo descender por las escaleras, y con toda tranquili-
dad apareció de nuevo en la plaza, ante la admiración de
numeroso pueblo que lo contemplaba y de sus tropas, mon-
tando en el arrogante caballo retinto, regalo de Prisciliano
Espíritu, el cura de Axochiapan y con el puro en la boca, que
nunca abandonaba, aun en lo más recio de los combates.

A las pocas semanas, Tepepa muere a traición a manos
de Figueroa y Torres Burgos es asesinado, por lo que Emiliano Zapata se convierte en el jefe de los insurgentes de
Morelos, y prácticamente de todo el sur.

7

Zapata y Madero

La primera acción militar se llevó a cabo en Chinameca, que fácilmente fue tomada y donde el pequeño ejército de Zapata se hizo de una buena cantidad de pertrechos; de ahí avanzaron a Jonacatepec. Poco a poco va engrosando su ejército, y las motivaciones son aparentemente resentimientos vigentes, debido a la política de explotación del régimen porfirista, pero en el fondo existe un odio y un miedo ancestrales a los hacendados españoles, o simplemente blancos.

Yo le entré por ese temor de los españoles —dice un revolucionario de Chinameca—; *ya iban a jerrarnos como animales.* Y otro de ellos decía: *Sembrábamos unos maicitos en los cerros, pues ya el español cabrón nos había quitado todas las tierras.*

Otros se lanzaban a la lucha por una necesidad casi física de libertad y justicia:

Teníamos más libertad en el monte a caballo, libres, que estando allí, porque estaban los rurales tras nosotros, cobrándonos por vivir, cobrándonos por las gallinas, cobrándonos por los marranos; esa injusticia nos hizo más, y Zapata vino a darnos garantías... ¡teníamos que haberlo seguido! Ésta es la causa. Ya no aguantaba la injusticia.

Para otros, el llamado a la lucha se sentía en el estómago, era una voluntad nacida del hambre, de la miseria:

De mi pueblo se fueron dieciocho conmigo; eran tlacololeros (campesinos que aprovechaban cualquier resquicio de terreno para sembrar); *los obreros de la mina nunca se fueron; ésos fueron pendejos; no fueron porque estaban bien con los gringos, porque les pagaban buen sueldo.*

Pero muchos no acudieron al llamado, tal vez por cobardía o inseguridad:

Unos nunca se levantaron, por eso Felipe Neri, aquí en Cuahuixtla, había muchos que les mochó la oreja. Porque venía y decía "vénganse a la revolución, o dejen la hacienda", los agarraba por el campo y le contestaban: "sí mi general", pero al poco tiempo que los soltaban se iban de nuevo a la hacienda a trabajar. Y pasaba Felipe Neri de repente (porque era arrancado, aunque estuviera el gobierno aquí, ese pasaba por la orilla del pueblo con su gente, porque era de por sí valiente) y los volvía a agarrar, y decía: "A ustedes ya los agarré el otro día, ¿verdad?" y zas, les mochaba la oreja, un pedazo... "ándele, para que los conozca y otro día que los vuelva a agarrar los fusilo".

Pues todos esos... los polqueros, así les decían en ese tiempo, trabajaban con yuntas de mulas y los polcos. Por eso agarró Felipe Neri y les mochó la oreja. Pero ni así se fueron; ahí estaban y así estuvieron de esclavos hasta que se acabó la revolución.

La adhesión de soldados improvisados a los ejércitos zapatistas fue creciendo de tal manera que ya para el mes de mayo de 1911 sólo quedaban en todo el estado de Morelos dos baluartes federales: Cuautla y Cuernavaca. A la primera la resguardaba un regimiento de caballería conocido como el "Quinto de Oro". Zapata busca tomar la plaza pacíficamente, pero el jefe político se niega a rendirla. En la toma intervienen muchos de los jefes que se volverían célebres: Emigdio Marmolejo, Francisco Mendoza, Amador Salazar, Eufemio Zapata —hermano de

Los hermanos Zapata: Emiliano y Eufemio.

Emiliano—, Lorenzo Vázquez y otros. El cerco dura varios días.

Hubo ocasiones durante el curso de esta lucha desesperada, en que al derrumbarse un muro quedaran los combatientes de ambos lados frente a frente, y entonces podía verse, caso muy común, que se disputaban unos y otros, con todo empeño, con todo vigor, esos montones de tierra y ladrillo que debían servirles luego como defensas. En ocasiones no hacían uso de las armas, sino que se asestaban golpes con las culatas o los cañones de los fusiles.

El 17 de mayo, Felipe Neri toma a viva fuerza el convento de San Diego, donde le ocurre la desgracia que explica, quizá, su vocación de "mochaorejas":

Al arrojar una bomba sobre la pared de la iglesia, retachó, vino a estallar cerca de él y lo hirió gravemente, dejándolo sordo para toda la vida.

Por fin, el 19 de mayo cae el bastión del Quinto de Oro, y con él la ciudad de Cuautla. Porfirio Díaz escuchó las noticias con verdadera alarma, pues entendía la trascendencia de aquella derrota. Seis días después de la toma de Cuautla renunció.

Ante el triunfo aparente, el país se llena de entusiasmo, y Emiliano Zapata se entrevista con Madero el 7 de junio de 1911; dos días más tarde Madero visita Morelos y Guerrero, zonas que había descuidado en sus campañas presidenciales.

Pero la actitud de Madero desconcierta a los jefes zapatistas, pues parece demasiado condescendiente con los hacendados. Zapata y los suyos no comprenden por qué Madero escucha con aparente benevolencia a quienes señalan la violencia de los zapatistas en la toma de Cuautla; para ellos la revolución es violencia, y los fines de la misma llegan a justificar incluso la crueldad. Poco después de esa entrevista los periódicos de la capital, probablemente respondiendo a las voces alarmistas de los partidos conservadores, asociados con los hacendados, inician una campaña de abierta denostación contra los zapatistas, previendo la insubordinación del caudillo ante la nueva presidencia democrática, pues califican a Zapata de bandido y lo consideran incapaz de sumarse a una campaña de reconstrucción del orden político y social. Otros diarios, como *Nueva Era*, de Juan Sánchez Azcona, reaccionan en contrario y defienden a Zapata; finalmente, Madero lo invita a México.

El 21 de junio de 1911 se lleva a cabo la entrevista en la casa de Madero. Gildardo Magaña recordaría la forma en que Zapata expuso las razones de su revolución. Había tensión en la atmósfera. Zapata la rompió acercándose a Madero; señaló la cadena que éste traía en su chaleco y le dijo:

> Mire señor Madero, si yo, aprovechándome de que estoy armado, le quito su reloj y me lo guardo, y andando el tiempo nos llegamos a encontrar, los dos armados con igual fuerza, ¿tendría derecho a exigirme su devolución?
>
> Sin duda —le respondió Madero—; incluso le pediría una indemnización.
>
> Pues eso justamente —terminó diciendo Zapata— es lo que nos ha pasado en el estado de Morelos, en donde unos cuantos hacendados se han apoderado por la fuerza de las tierras de los pueblos. Mis soldados (los campesinos armados y los pueblos todos) me exigen diga a usted, con todo respeto, que desean se proceda desde luego a la restitución de sus tierras.

Al día siguiente, Zapata aceptó una entrevista con el diario *El País*, de orientación católica; sus palabras tenían la intención de tranquilizar a la opinión pública:

> El odio demostrado hacia mí por los hacendados morelenses no me lo explico, como no sea porque arrebaté a la explotación que por parte de ellos eran víctimas los obreros que los enriquecían con el fruto de su sangre y de su sudor; comprenderán que de ser ciertas las acusaciones que me dirigían no hubiera venido como lo he hecho a presentarme al señor Madero. Ahora voy a trabajar en el licenciamiento de los

hombres que me ayudaron, para después retirarme a la vida
privada y volver a dedicarme al cultivo de mis campos, pues
lo único que anhelaba cuando me lancé a la Revolución era
derrocar al régimen dictatorial y esto se ha conseguido.

Aquí, Zapata desmiente las acusaciones de rebeldía y
desacato, reconociendo que los objetivos de la Revolución
se han conseguido ya y Madero es quien guía el cambio
hacia una sociedad más justa. Lo que llama la atención de
las declaraciones de Zapata es su insistencia en desmentir
a los que dudaban de la honestidad de sus principios. Es
en este momento cuando habla de sus "tierras de labor",
de su "establo", de sus "largos años de honrado trabajo",
afirmando con ello su condición de revolucionario auténtico.

Su deseo, en efecto, era retirarse a la vida privada y
disfrutar de su inminente matrimonio con la que sería su
única mujer legítima, Josefina Espejo. Pero antes había que
licenciar a las tropas y dejar Morelos bajo el mando de Raúl
Madero, o de cualquier otro que fuese bien visto por el
pueblo, lo que descartaba a Ambrosio Figueroa, y a los militares Blanquet y Huerta.

El gobierno interino, preocupado por la fuerza que todavía detenta Zapata en todo el sur, presiona para que se
cumpla el primer objetivo, es decir, el licenciamiento. Zapata parece tener la mejor voluntad, pero actúa con gran
precaución, jugando sus cartas desde una posición de fuerza. A mediados de agosto solicita al presidente De la Barra
el retiro de las fuerzas federales a cambio de la paz. Ese
mismo día escribe a Madero:

Si la revolución no hubiera sido a medias y hubiera seguido
su corriente, hasta realizar el establecimiento de sus princi-
pios, no nos veríamos envueltos en este conflicto; ¿por qué,
pues, por una petición justa mía, del pueblo y del ejército, se
nos trata de reos de grave delito, cuando no hemos tenido

*otro que el haber sido defensores de nuestras libertades? Yo,
ni por un momento he dudado de que usted sostendrá los
principios por los cuales el pueblo mexicano derramó su sangre y en la cuestión en que a este momento me refiero tengo
fe y la he tenido siempre en que usted evitará el derrama-
miento de sangre que se prepara contra nosotros. Me reitero
su fiel subordinado.*

Estaban dados ya todos los elementos de la discordia,
Zapata no oculta la existencia de una contradicción entre
la orientación revolucionaria de Madero y la suya propia,
pero apela a la fe y la buena voluntad, dejando claro que él
está dispuesto al diálogo y la negociación:

*Comprendo muy bien los sentimientos que inspiran a uste-
des y por eso vine a México, a exponer al Supremo Gobierno
la situación, en vista de lo cual se ha acordado solucionar el
conflicto en ésa, en forma que estoy seguro será aceptada por
ustedes y que les haré saber a mi llegada a ésa. Para lograr
mis vehementes deseos, la condición esencial es que ustedes
sigan teniendo fe en mí como yo la tengo en ustedes. En prueba
de lo cual voy a ésa, a pesar de que han venido noticias de que
mi vida peligrará yendo allá. Pero no creo nada de ello, porque tengo confianza en ustedes.*

Al llegar a Morelos, el 18 de agosto, en su discurso,
Madero llama a Zapata "integérrimo general". Ambos jefes son cautelosos en cada uno de sus movimientos, pero
seguramente parten de la conciencia de un ideal común y
creen uno en el otro, pero actúan en un contexto que resulta inadecuado para la puesta en escena de los ideales; ambos chocan contra la realidad, representada por los
hacendados, la prensa capitalina, las actitudes del presidente De la Barra y el celo del general Victoriano Huerta,
que avanza sobre Yautepec para "reducir a Zapata hasta
ahorcarlo".

A los cuatro días de su estancia, Madero comprende que las autoridades centrales no le hacen el menor caso y se retira. Teme, con razón, que Zapata se llame a engaño, pero lo único que puede ofrecerle es una promesa:

Aprecio debidamente los servicios que usted prestó a la Revolución. Cuando llegue al poder le aseguro que recompensaré sus servicios.

El gobierno interino, apoyado por la prensa, hostilizaba severamente a Zapata; durante este periodo sufrió el embate de las armas y de las palabras, y seguramente eran las palabras lo que más lo lastimaba; le revolvía las entrañas el oír que los "pelones" federales gritaran a sus hombres "bandidos comevacas". Pareciera que cualquier posición que adoptara Zapata era en esencia negativa y peligrosa para el gobierno central, pues la lucha zapatista tenía raíces profundas y no era realmente una propuesta política, sino la expresión de valores de convivencia humana que difícilmente podían ser incorporados a los mecanismos del poder. En ese contexto se escuchan las voces de alarma en la Cámara de Diputados, considerando a Zapata como el representante del anarquismo y la violencia, como un nuevo Atila, como un peligro al que no queda más remedio que eliminar, a pesar del reconocimiento de que la fuerza del zapatismo había sido determinante para el triunfo de la Revolución.

Era natural que al llegar Madero a la presidencia las relaciones con Zapata estuviesen irremediablemente deterioradas. Existió sin embargo un último intento de avenencia por mediación del ingeniero Alfredo Robles Domínguez. Las condiciones de Zapata no podían ser más razonables: retiro de Figueroa, nombramiento de Raúl Madero y una pálida mención al problema de la tierra: *Se dará una ley agraria procurando mejorar la condición del trabajador del campo.*

En una decisión que a la postre lamentaría, Madero lo conmina a "rendirse a discreción y salir del país... su actitud de rebeldía está perjudicando mucho a mi gobierno." Ante el rompimiento, Zapata expresa a Gildardo Magaña lo que él considera el origen de aquellas contradicciones:

Yo, como no soy político, no entiendo de esos triunfos a medias; de esos triunfos en los que los derrotados son los que ganan; de esos triunfos en los que, como en mi caso, se me ofrece, se me exige, dizque después de triunfante la revolución salga no sólo de mi Estado, sino también de mi Patria... Yo estoy resuelto a luchar contra todo y contra todos sin más baluarte que la confianza, el cariño y el apoyo de mi pueblo.

Esa clase de triunfos en que son los derrotados los que ganan tenían para Zapata el tinte de la traición. Zapata era

Tropas zapatistas desayunando en el Sanborns de Plateros, hoy conocido como la "Casa de los Azulejos".

un hombre de convicciones absolutas, por eso no pudo interpretar las reticencias de Madero para repartir la tierra y su debilidad para imponerse a De la Barra y Huerta, más que como una traición en el sentido bíblico del término, como el pecado que incluye todos los pecados. A aquel último intento conciliador de Madero, Zapata respondió:

Ya puede ir contando los días que corren, pues dentro de un mes estaré en México con 20 000 hombres y he de tener el gusto de llegar a Chapultepec y colgarlo de uno de los sabinos más altos del bosque.

Aquel desencuentro entre dos hombres de fe sería uno de los momentos más penosos de la Revolución. El propio Madero lo reconoció ante Felipe Ángeles en sus últimas horas.

8

El Plan de Ayala

Frente a la hostilidad del gobierno, el zapatismo se radicaliza, pero también se organiza, y define lo que sería su propuesta política, pero más que eso, su proyecto de nación: el Plan de Ayala, redactado por Zapata junto con Otilio Montaño, en la que se hace énfasis en la traición de Madero. Pero la traición no era su único motivo, su fiel secretario, Robledo, recordó mucho tiempo después una conversación en la que Zapata le confió las razones morales e históricas que lo habían hecho concebir el Plan de Ayala:

Como tú sabes, en nuestro Estado existieron aquellos mentados "Plateados", quienes no estuvieron conformes con el gobierno que se estableció en aquel entonces y se rebelaron también, pero como no tuvieron bandera donde expusieran los motivos o ideas por las cuales empuñaban de nuevo las armas, no tuvieron muchos adeptos ni apoyo de los vecinos de los pueblos, y se les combatió y persiguió hasta lograr su muerte y dispersión, dándoles el despectivo título de "bandidos", el mismo que ya se me daba en compañía de mis soldados que peleaban al grito de ¡Viva Zapata!

Presentía que de seguir esta actitud se nos tomaría en lo sucesivo como tales bandidos, puesto que la prensa lo publicaba y propalaba, bajo cuya denominación ya el gobierno nos combatía.

Mis antepasados y yo, dentro de la ley y en forma pacífica, pedimos a los gobiernos anteriores la devolución de nuestras tierras, pero nunca se nos hizo caso ni justicia; a unos se les fusiló con cualquier pretexto, como la ley fuga; a otros se les mandó desterrados al Estado de Yucatán o al Territorio de Quintana Roo, de donde nunca regresaron, y a otros se les consignó al servicio de las armas por el odioso sistema de la "leva", como lo hicieron conmigo; por eso ahora las reclamamos por medio de las armas, ya que de otra manera no las obtendremos, pues a los gobiernos tiranos nunca debe pedírseles justicia con el sombrero en la mano, sino con el arma empuñada.

Durante tres días concreté mis ideas, que transmití a mi compadre Montaño para que les diera forma, resultando al cabo de este tiempo el deseado Plan.

En varios sentidos, el Plan de Ayala es original, pero no pretende otra cosa sino recuperar y continuar la Revolución que Madero "gloriosamente inició con el apoyo de Dios y del pueblo, *y no llevó a feliz término*".

Son tres los artículos centrales del Plan de Ayala, y ninguno de ellos llega al radicalismo:

(Artículo sexto) *Como parte adicional del Plan que invocamos, hacemos constar, que los terrenos, montes y agua que hayan usurpado los hacendados científicos o caciques a la sombra de la tiranía y de la justicia penal entrarán en posesión de estos bienes inmuebles desde luego los pueblos o ciudadanos que tengan sus títulos correspondientes a esas propiedades, de las cuales han sido despojados, por mala fe de nuestros opresores, manteniendo a todo trance, con las armas en la mano, la mencionada posesión, y los usurpadores que se consideren con derecho a ellos, lo deducirán ante tribunales especiales que se establezcan al triunfo de la Revolución.*

(Artículo séptimo) *En virtud de que la inmensa mayoría de los pueblos y ciudadanos mexicanos no son dueños del terreno que pisan, sufriendo los horrores de la miseria sin poder mejorar su condición social ni poder dedicarse a la industria o a la agricultura por estar monopolizados en unas cuantas manos las tierras, montes y aguas, por esta causa se expropiarán, previa indemnización de la tercera parte de esos monopolios a los poderosos propietarios de ellos, a fin de que los pueblos y ciudadanos de México obtengan ejidos, colonias, fondos legales para pueblos o campos de sembradura o de labor, y se mejore en todo y para todo la falta de prosperidad y bienestar de los mexicanos.*

(Artículo octavo) *Los hacendados, científicos o caciques que se opongan directa o indirectamente al presente Plan, se nacionalizarán sus bienes y las dos terceras partes que a ellos les correspondan, se destinarán para indemnizaciones de guerra, pensiones de viudas y huérfanos de las víctimas que sucumban en la lucha del presente Plan.*

Según el historiador John Womack, el documento del Plan de Ayala tenía un tono mesiánico, una aura de sacralidad. A partir de ese momento, la revolución zapatista es la historia de una guerra sin cuartel; como decía el propio Zapata: "Revoluciones van, revoluciones vendrán; yo seguiré haciendo la mía".

9

Un nuevo desorden político

En febrero de 1913, Huerta da un golpe de estado y asesina al presidente Madero, a Pino Suárez y muchos otros próceres de la Revolución, constituyéndose en el dictador *de facto*. Pero de inmediato se produce la reacción en su contra. Venustiano Carranza se levanta en armas en contra del espurio régimen y encabeza el Movimiento Constitucionalista. Francisco Villa, quien se había exiliado en Texas, regresa a México para apoyar el movimiento carrancista. Pascual Orozco pacta con Victoriano Huerta, mientras que Zapata prefiere mantenerse a la expectativa, en virtud de que en esos momentos no se le hostiliza, dado que Huerta destina todos sus recursos a combatir la fuerte oposición del norte por lo que puede tomarse un respiro y reorganizar sus fuerzas.

En un principio, la guerra contra Huerta no tiene un claro perfil, pero el acoso de los federales la delinea y fortalece. Cada bando tiene su ala radical, la del gobierno está representada por el general Juvencio Robles, que pone en práctica estrategias de la guerra de los *Boers*: el incendio de los pueblos y la "recolonización". Por su parte, en el movimiento zapatista se encuentra el general Genovevo de la O, quien propone toda clase de actos terroristas, como es la voladura de los trenes. En cierto momento, el régimen maderista decide cambiar de táctica. El nuevo jefe de operaciones, Felipe Ángeles, corta de tajo con las prácticas salvajes y se niega a ampliar la guerra a pesar de las voladuras de trenes, que producen una gran indignación; el expresa que la actitud de los zapatistas tiene una cierta justificación, pues ellos "desean que el vergel de Morelos no sea para ellos un infierno".

En las ciudades principales hay elecciones y una clara voluntad de legalidad y reforma. Lentamente se abren paso por la vía civil las ideas agrarias. Sin armas ni recursos, el zapatismo languidece, los grandes contingentes abandonan temporalmente el estado de Morelos y se refugian en el distrito de Acatlán, Puebla. Pero de aquel repliegue los saca nuevamente la caída de Madero. Por momentos parece que Zapata considera la posibilidad de pactar con Huerta a cambio de una aceptación oficial del Plan de Ayala, pero un acuerdo entre ambos parece imposible. El 28 de febrero, Zapata escribe a Genovevo de la O:

> La Revolución del Sur, Centro y Norte no está de conformidad con los traidores que se apoderaron del gobierno y los revolucionarios no nos debemos de creer nada de ellos, porque nos expondríamos a un fracaso y ni se les debe tener ninguna confianza, pues ¿qué esperaríamos de estos infames para nosotros que traicionaron y asesinaron a sus amos, a quienes les deben todo lo que tienen de riquezas y el lugar que ahora ocupan? No, de ninguna manera hay que creerse de estos malvados y en todo caso procure usted batirlos hasta exterminarlos.

Al nombrarse "Jefe de la Revolución" a Pascual Orozco, éste trata de persuadirlo de un arreglo, pero Zapata ya no cree en Pascual Orozco ni en el gobierno que representa; él no ha hecho su revolución para "asaltar puestos".

Al poco tiempo, Zapata recibe al padre de Pascual Orozco, quien reitera la propuesta de un arreglo que pudiera dar ventajas a Zapata, o por lo menos asegurar la sobrevivencia de él y del zapatismo; pero Zapata ya ha perdido toda esperanza en la política y su repuesta fue clara, contundente, drástica y cruel: fusila al padre de Pascual Orozco.

La guerra se reinicia con inusitada violencia; los generales Cartón y Robles cuelgan zapatistas, recurren a la leva, a la recolonización, a la toma de rehenes, a la depredación, saqueo y quema de pueblos. Naturalmente, el salvajismo de la campaña favorece a Emiliano Zapata:

> ... y luego Huerta empezó a echar las levas, puso la suspensión de garantías... ¡Pos con más razón la gente se sublevó al cerro! Empezó a quemar Cartón las casas, los pueblos, los ranchos diablura y media... la gente pues, ¿qué? ¡Pues siguió a Zapata porque Zapata los defendía; tenía sus campamentos en los cerros, y ahí estaba la gente con él, y otros no, eran pacíficos, pero de todas maneras eran zapatistas porque seguían a Zapata.

En 1914, la balanza se revierte; en marzo Zapata toma Chilpancingo y fusila al general Cartón; al poco tiempo ocupa Jojutla, Jonacatepec, Cuautla. Los federales se encuentran debilitados por estas derrotas y por la dureza de los frentes del Norte, donde Villa y Obregón les causan serios daños, deciden abandonar el Estado de Morelos y concentrar sus fuerzas en el centro, y lo mismo hacen los orgullosos hacendados de la región, al quedar desamparados y vulnerables.

En junio de 1914, previniendo el fin del gobierno huertista y el triunfo inminente de la Revolución, el zapatismo ratifica el Plan de Ayala y pretende dar mayor ímpetu a la parte relativa a la cuestión agraria.

En el ínterin, buscando neutralizar a Zapata, Pascual Orozco envía una delegación a Morelos con la finalidad de lograr un acuerdo de paz favorable a Huerta. Pero en vez de manejar políticamente esa situación, Zapata aprehende a los emisarios de Orozco y los somete a juicio por "delitos contra la Revolución".

El militar Manuel Asunsolo entrega la ciudad de Cuernavaca a Zapata.

Con este hecho termina la tregua circunstancial y Huerta envía al general Robles para combatir a Zapata. Por supuesto, los hacendados de Morelos apoyan el régimen de Huerta y financian la campaña de Robles, pretendiendo de esa manera acabar con su acérrimo enemigo. Pero en un primer enfrentamiento, en Jonacatepec, Zapata derrotó de manera contundente a las fuerzas de Robles, obteniendo además un valioso arsenal, consistente en 350 rifles, 300 caballos, 2 ametralladoras y una buena cantidad de parque. Zapata hizo prisioneros a todos los soldados huertistas que sobrevivieron y a 45 oficiales, dentro de los cuales se encontraba el general Higinio Aguilar, quien optó por pasarse a las fuerzas zapatistas junto con algunos oficiales y soldados, el resto fueron dejados en libertad.

A fines de abril, Zapata sitió Cuautla, logró varias victorias sobre el ejército de Huerta y estableció el cerco de Cuernavaca. En su desesperada respuesta, los huertistas tomaron medidas demasiado drásticas, como la estrategia

Las tropas zapatistas.

de la "tierra quemada", la leva, los campos de concentración y las deportaciones masivas. Esta clase de agresiones contra los pueblos tuvieron efectos contrarios para ellos, pues el miedo y la indignación propiciaron el aumento de las fuerzas zapatistas, tanto de la gente del pueblo como de otros jefes revolucionarios que prefirieron unirse a los zapatistas en vez de luchar solos. Esto permitió que Zapata reforzara su ejército y aumentara sus zonas de influencia, llegando a incursionar muy cerca de la ciudad de México.

Ya en octubre, las incursiones represivas de los huertistas solamente causaban daños en poblaciones aisladas, además de que se enfrentaban a una nueva táctica zapatista, consistente en la guerra de guerrillas, lo que resultó muy eficaz para debilitar al enemigo, por medio de un acoso permanente.

El recrudecimiento de las campañas del norte y las derrotas frente a Villa obligaron a Huerta a retirar las tropas de Robles de Morelos, dejando a cargo de la defensa de las principales ciudades al general Adolfo Jiménez.

Zapata pudo entonces reunir y organizar una fuerza importante, a la que llamó "Ejército Liberador del Centro y del Sur", instalando su cuartel general en el sur del estado, coordinó desde ahí las acciones de sus tropas en otros estados reclutando nuevos jefes sureños para su causa, por lo que su influencia llegó hasta Yucatán. En la primera oportunidad que tenían, los soldados huertistas que habían sido recogidos en la leva desertaban y se pasaban a las filas zapatistas, además de contingentes campesinos de Puebla, Michoacán, Oaxaca y Guerrero; el movimiento zapatista tenía ya un amplio espectro de influencia, de manera que pudo establecer algo más que el dominio militar: un poder político, eligiendo autoridades en los pueblos y haciendo funciones de gobierno. Con ello, Zapata se convirtió en un poderoso jefe político y militar y comenzó a tener contactos cada vez más frecuentes con los enviados de Villa, con la finalidad de cerrar el cerco que constreñía a las fuerzas de Huerta en el centro del país.

10

Zapata y Villa

En estas condiciones, la caída del usurpador no tardó en acontecer; en julio de 1914 se disolvió el gobierno de Huerta y quedó el camino libre para la unificación de los dos grandes caudillos de la revolución, Zapata y Villa. Pero la fuerza militar no era suficiente para lograr el orden y la administración pública, además de que Zapata era reacio a participar en política, por lo que la figura de Carranza comenzó a prevalecer sobre las diferencias de personalidad y de programas de los grandes caudillos, pues entre ellos no había más afinidad que la coincidencia en los objetivos prácticos; al lograrse la derrota de Huerta, el camino quedó libre para el ejercicio de la ambición y la astucia de los políticos.

La Revolución no se produjo nunca como un movimiento uniforme; fue más bien la acción de grupos más o menos independientes que en ciertos momentos se unían a fuerzas más amplias, pero una vez pasados los momentos críticos se volvían a fragmentar, tal cosa sucedió al producirse la caída de Huerta; pero el ascenso al poder de Carranza y su posición en apariencia reaccionaria propició una nueva iniciativa de unificación. Zapata y Villa nunca se habían reunido, todos sus contactos habían sido epistolares y por medio de emisarios pero ahora las condiciones eran propicias para la reunión, sobre todo en interés de Villa, quien ya había tenido serias diferencias con Carranza durante la lucha contra Huerta, la mayoría de ellas referentes al problema de la reforma agraria, lo que también era el tema prioritario de Zapata y la esencia de su Plan de Ayala. Zapata estaba bien informado de la posición de Villa y de la dificultad de que éste respondiera a las iniciativas políticas de Carranza, por lo que confiaba en la unificación con el caudillo del norte.

Gildardo Magaña, uno de los principales asesores de Zapata, le había dicho unos meses antes:

El coronel Medina (villista) me refirió que cuando por órdenes del general Villa interrogó a Carranza acerca de lo que debía hacerse respecto de las tierras que los pueblos le solicitaban, Carranza le dijo que ese no era asunto de los militares, por lo que debía abstenerse de toda repartición de tierras, y Carranza agregó: "No sólo no estoy de acuerdo con que se repartan las tierras a los pueblos, sino que diga usted al general Villa que hay que devolver a sus dueños las que ya se repartieron".

Los efectos de esas actitudes se dejaron sentir en la Convención de Aguascalientes, en la que se debía designar un nuevo gobierno revolucionario; pero ya en octubre de 1914 Carranza había asumido el poder, aunque de manera provisional, pues esperaba ser ratificado por la Convención, contando con el apoyo de los grupos políticos de todo el país. Pero en Aguascalientes se logró una mayoría a partir de la unificación de criterios entre villistas y zapatistas, por lo que se desconoció a Carranza y se aprobó el Plan de Ayala como programa político básico.

El historiador Arnaldo Córdova describe así la importante Convención de Aguascalientes:

Desde que la Soberana Convención Revolucionaria se instaló en Aguascalientes, constituyó un fenómeno único en nuestra historia: el auténtico poder popular. El nuevo órgano de poder representaría exclusivamente al pueblo en armas, a través de sus dirigentes populares. El mecanismo de la Convención era una invención del movimiento revolucionario sin antecedentes previos.

Estuvieron representados casi todos los jefes de la División del Norte, incluido el gobernador de Sonora, aliado de Villa; casi todos los jefes de armas del constitucionalismo; Obregón, quien tanto había hecho por impedir la ruptura entre Carranza y Villa; con su extraña representación, también el ejército liberador del sur, de Emiliano Zapata.

El arbitrario y astuto desconocimiento de la Convención por parte de Carranza llevó rápidamente a la escisión en las filas convencionistas. Con muy pocas excepciones, todos los jefes carrancistas defeccionaron de la asamblea revolucionaria y se alinearon con el "Primer Jefe". Quedaron los villistas y los zapatistas, que seguían sin representación formal.

El primero de enero de 1915 la Convención se volvió a reunir en la ciudad de México. En esta fecha asistió a la asamblea una delegación formal de los zapatistas, pero los villistas seguían siendo la fuerza mayoritaria.

La Convención pronto sufrió una nueva sangría que cambió otra vez su correlación de fuerzas: Villa y la División del Norte abandonaron la ciudad de México en las segunda mitad de enero, y con ellos dejaron la asamblea revolucionaria muchos de sus integrantes de filiación villista. Al retirarse Villa hacia el norte, constitucionalistas al mando de Obregón se aproximaron a la capital, y la Convención acordó trasladarse a Cuernavaca, ciudad en la que reanudó sus sesiones el 31 del mismo mes. La fuerza mayoritaria y más fuerte ideológicamente fue entonces la zapatista. Con ello aumentó el carácter faccional y disminuyó la representatividad de la Convención.

Obregón ocupó por poco tiempo la ciudad de México. En persecución de Villa, que se aprestaba a darles batalla en la región del Bajío. Los constitucionalistas salieron de la capital del país la madrugada del 11 de marzo. La convención *nuevamente volvió a México, donde sesionó hasta el 9 de julio. El 11 de ese mes el general constitucionalista Pablo González y sus fuerzas ocuparon la ciudad. La convención se trasladó entonces a la ciudad de Toluca, donde se separaron la mayoría de los villistas que aún formaban parte de ella; para entonces, la división del norte había sido casi totalmente destruida en el norte y el centro del país. La Convención, integrada sólo por zapatistas, pasó de Toluca a Cuernavaca en el mes de octubre, y ahí dejo prácticamente de funcionar como asamblea representativa: en su lugar se designó un Consejo Ejecutivo que, a nombre de la Convención, siguió legislando. El 18 de abril de 1916 lanzó un "Programa de Reformas Político Sociales" en Morelos; con este último acto dejó de existir.*

Carranza desconoció cualquier decisión de la Convención y trasladó su gobierno de la ciudad de México a Veracruz, donde inició los preparativos militares para afirmar su poder por la vía de las armas, en contra del presidente provisional designado por la convención, que era el general villista Eulalio Gutiérrez, quien tomó posesión el 3 de diciembre de 1914, apoyado por las tropas conjuntas de Villa y Zapata, quienes se acantonaron en las afueras de la ciudad. Al siguiente día, finalmente se reunieron en Xochimilco los dos grandes jefes de la Revolución.

John Womack reseña la entrevista de esta manera:

La reunión, cuidadosamente montada, se llevó a cabo conforme a lo planeado. Era la primera entre Villa y Zapata y se suponía que debía ser el heraldo de una gloriosa unión revolucionaria. Con Zapata llegaron sus secretarios principales, su hermano Eufemio, su primo Amador Salazar e inclusive su hermana María de Jesús y su hijito Nicolás. Con flores y trajineras, Xochimilco se había adornado como para una feria. Los niños de primaria cantaron canciones. Una banda municipal dio serenata. Poco después del mediodía llegó Vi-

El presidente eventual General Eulalio Gutiérrez, Francisco Villa y
Emiliano Zapata durante una comida.

lla con una pequeña escolta. Después de unos cuantos salu-
dos, los dos jefes pasaron a la escuela del pueblo donde se
sentaron en un abarrotado salón del piso superior, para con-
ferenciar.

Uno de los testigos de este encuentro narró lo siguiente:

Villa era alto, robusto, pesaba cerca de noventa kilos, tenía la
tez enrojecida, casi como la de un alemán, se cubría con un
"saracof", iba vestido de un grueso suéter marrón, pantalo-
nes de montar de color caqui y botas pesadas de jinete. Zapa-
ta, mucho más bajo que Villa pues no debía pesar más de
setenta kilos, era un hombre de piel oscura y rostro delgado,
cuyo intenso sombrero a veces echaba tal sombra sobre sus
ojos que no se le podían ver. Vestía una corta chaquetilla ne-
gra, un largo paliacate de seda de color azul pálido, una ca-
misa de pronunciado color lavanda y usaba alternadamente
un pañuelo blanco de franja verde y otro en el que estaban
pintados todos los colores de las flores. Vestía pantalones apre-

*tados negros, de corte mexicano, con botones de plata cosidos
en el borde de cada pernera. Villa no llevaba ninguna joya encima y Zapata llevaba dos anillos de oro, de estilo antiguo,
en la mano izquierda.*

Durante media hora, Villa y Zapata estuvieron senta-
dos casi sin hablar. Dice Womack que no fue sino hasta
que Villa comenzó a denostar a Carranza cuando se comenzó a hablar en confianza, como si se hubiera dado un
entendimiento íntimo a partir de la conciencia de un enemigo común, que no era solamente un opositor político o militar, sino la negación misma de los ideales revolucionarios.
Entonces se comenzaron las pláticas; Zapata pidió un cognac, y Villa, que era abstemio, aceptó brindar con él, entendiendo que aquello era un ritual necesario y de carácter
público. Después de los brindis, se retiraron a otra habitación para hablar en privado.

El resultado de esas pláticas fue el acuerdo de desconocer a Carranza y presentar un frente común ante su posible hostilidad, además de exigir al gobierno, cualquiera
que éste fuera, el cumplimiento de la reforma agraria. Se
acordó también que era conveniente que el gobierno fuese
asumido por un civil, siempre y cuando se identificara plenamente con los principios revolucionarios.

Dos días más tarde, el 6 de diciembre de 1914, Zapata y
Villa hicieron su entrada en la ciudad de México, al frente
de un ejército conjunto de más de sesenta mil hombres,
que era una enorme fuerza, por lo que la "toma" de la capital fue más bien un acto simbólico.

A pesar de estos encuentros, y de la búsqueda de una
organización generalizadora, el zapatismo nunca perdió
su carácter autónomo, ésta era su fortaleza, pero también
era el origen de sus contradicciones externas. Si el movimiento había sido traicionado por Madero y había do-
blegado la embestida sanguinaria de Huerta, no existía
razón para confiar en nadie ni para abandonar la resisten-

cia, así se explica el fracaso de todos los emisarios de Carranza. Al doctor Atl, Zapata le confiesa que ve "aspiraciones peligrosas" en Carranza, por lo que propone que la única opción de Carranza es renunciar al Poder Ejecutivo y aceptar el Plan de Ayala sin cambiarle ni una coma. Desde luego, Carranza no acepta esta postura, y en septiembre de 1914 rompe con Zapata. Éste, por su parte, responde con un decreto agrario aún más radical que el estipulado en el Plan de Ayala, en el que la nacionalización rebasa el campo y se extiende a las ciudades, lo que es interpretado como una provocación y aumenta la sensación de peligrosidad respecto del zapatismo para Carranza y las clases dominantes.

Mucho más enigmática y significativa que la efímera relación de Zapata con Carranza es la que el jefe suriano establece con la Convención de Aguascalientes y, en particular, con Francisco Villa. La lógica natural sería la de una apertura al pacto nacional, pero eso sucede sólo a medias.

Por principio de cuentas, Zapata no va a Aguascalientes, y tampoco acuden los principales jefes de la Revolución del Sur, a esta convención acuden solamente los intelectuales, entre ellos el anarquista Soto y Gama, quien, frente a todos los convencionistas desgarra la bandera nacional, señalando con ello que habría de romper con todos los símbolos de la estructura de poder que oprimía al pueblo.

Aunque la convención rompió con Carranza y aceptó, en principio, el Plan de Ayala, su alianza con el zapatismo fue breve. A pesar de todo, después de la Convención Zapata se encuentra en una posición de gran fortaleza. La ciudad de México tiembla ente el inminente asalto de las "hordas" zapatistas. Cuando por fin llegan, las hordas no lo son, sino rebaños pacíficos de campesinos azorados que llevan a la virgen de Guadalupe como estandarte. La actitud de Zapata es también humilde, se hospeda en un modesto hotelito a una cuadra de la estación de Cuautla.

De la entrevista de Xochimilco, a la que ya hemos aludido, destaca uno de los diálogos, mismo que fue registrado en versión taquigráfica:

Villa: *Yo no necesito puestos públicos porque no sé "lidiar".*
Zapata: *Por eso yo se los advierto a todos los amigos que mucho cuidado, si no, les cae el machete. Pues yo creo que no seremos engañados. Nosotros nos hemos limitado a estarlos arriando, cuidando, cuidando, por un lado, y por otro, a seguirlos pastoreando... Los hombres que han trabajado más son los menos que tienen que disfrutar de aquellas banquetas. Nomás puras banquetas. Y yo lo digo por mí: de que ando en una banqueta hasta lo digo por mí.*

En el segundo momento significativo, en el que interviene una tercera voz, la del general Serratos, Zapata expresa a Villa la importancia del reparto de tierras:

Villa: *Pues para ese pueblo queremos las tierritas. Ya después que se las repartan, comenzará el partido que se las quite.*
Zapata: *Le tienen mucho amor a la tierra. Todavía no lo creen cuando se les dice "esta tierra es tuya", creen que es un sueño. Pero luego que hayan visto que otros están sacando productos de estas tierras dirán ellos también: "Voy a pedir esta tierra y voy a sembrar". Sobre todo ése es el amor que le tiene el pueblo a la tierra. Por lo regular toda la gente de eso se mantiene.*
Serratos: *Les parecía imposible ver realizado todo eso. No lo creen; dicen "tal vez mañana nos las quiten".*
Zapata: *Él sabe si quieren que se les quiten las tierras. Él sabe por sí solo que tiene que defenderse. Pero primero lo matan que dejar la tierra.*

La diferencia mayor de actitud entre el guerrero y el guerrillero se plasmó para la historia en la famosa foto de Villa sentado eufórico en la silla presidencial junto a un Zapata hosco y receloso. Un testigo de la escena recuerda:

> *Villa se sentó en la silla como mofa, y Emiliano a un lado, y le dice a Emiliano a ti te toca. Emiliano le dice no pelee por eso, pelee las tierras que se las devuelvan, a mí no me importa la política.*

Zapata y Villa eran ambos gente del pueblo, pero hombres muy distintos, y sus proyectos también lo eran: uno es salvaje y festivo, el otro es místico y taciturno; uno pelea como para hacer que ruede "la bola", el otro por una serie de ideales y reivindicaciones contenidos en el Plan de Ayala.

El centro, la ciudad, el palacio, la silla, las autoridades eran, para Zapata, el símbolo del ancestral engaño en contra de su pueblo; de ahí su aversión, casi física, a los símbolos del poder político. De ahí también que repitiera constantemente: "Al que venga a querer tentarme con la presidencia de la República, que ya hay algunos que medio me la ofertan, lo voy a *quebrar*".

Sobre esto, dice Octavio Paz:

> *Todo mundo sabe que Zapata vio con horror la silla presidencial y que, a diferencia de Villa, se negó a sentarse en ella. Más tarde dijo: "Deberíamos quemarla para acabar con las ambiciones".*
>
> *... en el contexto inhumano de la historia, particularmente en una etapa revolucionaria, la actitud de Zapata tenía el mismo sentido que el gesto de Hidalgo ante la ciudad de México: a aquel que rehúsa el poder, por un proceso fatal de reversión, el poder lo destruye. El episodio de la visita de Zapata al Palacio Nacional ilustra el carácter del movimiento campesino y su suerte posterior: su aislamiento en las montañas del sur, su cerco y su final liquidación por obra de la facción de Carranza.*

Las formidables fuerzas de Zapata y Villa unidos pudieron haber tomado el poder con facilidad; pero los hechos se procesaron de otra manera en la programación de la historia.

Cuatro días después de la junta de Xochimilco, Zapata se retiró con sus tropas y se dirigió a Puebla, ante la necesidad de contener el avance carrancista proveniente de Veracruz, pues se tenían informes de que Carranza había iniciado ya su campaña militar, con la finalidad de recuperar la ciudad de México y por supuesto el poder.

A su vez, Villa se dirigió al norte, en previsión de una posible invasión norteamericana que pudiese apoyar a Carranza, pues esa era una clara tendencia del gobierno americano, quien ya había enviado tropas en abril del mismo año, invadiendo Veracruz.

En enero de 1915, el presidente Gutiérrez, sintiéndose desprotegido, renunció a su cargo y huyó de México; ante este hecho, los representantes de la Convención también abandonaron la capital ante el avance devastador de las fuerzas carrancistas. El 19 de enero, los restos de las tropas revolucionarias que ocupaban la ciudad se marcharon, dejando libre el paso hacia la plaza, que fue ocupada sin oposición por el ejército carrancista diez días después. Sin embargo, el avance de las tropas zapatistas sobre la ciudad produjo la desocupación y la plaza fue retomada por Zapata el 11 de marzo, también sin oposición.

Mientras tanto, Villa luchaba contra los carrancistas en toda la zona norte del país. Carranza tenía la ventaja de controlar los puertos de Veracruz y Tampico, pero todo el resto del país era terreno de lucha. La capacidad organizativa y estratégica de Carranza le permitió dar golpes rápidos y certeros, por lo que pudo tomar León, Aguascalientes, Zacatecas, San Luis Potosí y otras ciudades importantes, pudiendo entonces presentar un amplio frente contra Villa, encargando al general Pablo González la campaña en contra de Zapata.

Entrada triunfal de Zapata y Villa en la ciudad de México el 6 de diciembre de 1914, avanzaron por la calle de Plateros, hoy conocida como Fco. I. Madero en el Centro Histórico.

Finalmente, en julio, Zapata se tuvo que replegar y Carranza ocupó la ciudad de México, ahora con mayor seguridad, pues la fuerte campaña de González en el Sur mantenía a raya las fuerzas zapatistas.

11

El gobierno regional zapatista

A pesar de estar inmersos en una cruenta guerra, durante 1915 el estado de Morelos y las zonas de influencia zapatista estuvieron gobernadas por los propios campesinos en armas, bajo la dirección del propio Zapata y de una elite de intelectuales que se habían sumado a los ideales revolucionarios del caudillo y tenían como fundamento el Plan de Ayala, cuyo tema central era la reforma agraria. La ley agraria de Zapata incluyó como puntos fundamentales los siguientes:

- Restitución a los campesinos de las tierras, montes y aguas de las que se habían apropiado los hacendados.
- Reconocimiento del *derecho tradicional e histórico que tienen los pueblos, rancherías y comunidades de la República, a poseer y administrar sus terrenos comunitarios y ejidos, en la forma que juzguen conveniente.*
- Reconocimiento del *derecho indiscutible que asiste a todo mexicano para poseer y cultivar una extensión de terreno cuyos productos le permitan cubrir sus necesidades y las de su familia.*
- Aplicación del sistema de expropiación de tierras y otros bienes por causas de utilidad pública.
- Autoridad del Estado a fijar los máximos de propiedad territorial, para evitar el latifundio.

- Expropiación de las tierras de los enemigos de la Revolución.
- Expropiación de las tierras adquiridas por funcionarios gubernamentales por medios fraudulentos e inmorales.
- Expropiación de las tierras propiedad de:

  — los políticos, empleados públicos y hombres de negocios que habían apoyado a Porfirio Díaz o se habían enriquecido durante su gobierno.

a) Los autores y cómplices del golpe que llevó a Huerta al poder.
b) Aquellos que en el gobierno de Huerta desempeñaron puestos públicos.
c) Los altos miembros del clero que ayudaron a las dictaduras.
d) Cuantos ayudaron de diversas formas a Díaz, a Huerta y a los enemigos del programa revolucionario.

- Confiscación de las tierras y otros bienes de todos los responsables de delitos políticos contra el pueblo.
- Distribución entre los campesinos de todas las tierras confiscadas y expropiadas.
- Adjudicación en propiedad de la tierra trabajada por "aparceros" o arrendatarios.
- Designación de comisiones técnicas para entender en todos los aspectos de la reforma agraria.
- Fundación de colonias agrícolas.
- Implantación del sistema colonial para la explotación de los bosques, declarados de propiedad nacional.
- Fundación de un Banco Agrícola.
- Autorización al Ministerio de Agricultura y Colonización para *confiscar o nacionalizar las fincas urbanas, obras materiales de las fincas nacionales o expropiadas, o*

fábricas de cualquier género, incluyendo los muebles, maquinaria y todos los objetos que contengan, siempre que pertenezcan a los enemigos de la Revolución.

- Establecimiento de escuelas agrícolas, estaciones experimentales y centros forestales.
- Promoción de sociedades cooperativas reguladas por el gobierno.
- Establecimiento de la propiedad nacional de las aguas.
- Nulidad de todas las concesiones, contratos, enajenaciones y fallos sobre tierras favorables a los enemigos de la Revolución.

Al tiempo que la ley agraria se cumplía en todos sus términos, Zapata contrató ingenieros especializados y agrónomos, intervino los ingenios y puso a sus generales a dirigirlos. Incentivó la producción, mejoró la siembra, trazó los límites de los ejidos, construyó escuelas y mejoró la educación. Puso en marcha los planes para desterrar la desocupación, incentivó el comercio y la industria y proyectó el mejoramiento de las vías de comunicación. Integró las juntas representativas de los pueblos y comunidades. Creó asociaciones para fomentar la agricultura y otras ramas de la producción y de la industria, poniendo en práctica programas para mejorar la salud y las condiciones de vida de todos los habitantes de Morelos.

La obra del zapatismo no se detuvo en las fronteras del estado, se extendió hasta Guerrero, donde se practicó el reparto de tierras, y su influencia se irradió también hacia otras regiones del país.

En materia agrícola, Zapata dio importancia clave al establecimiento de un sistema adecuado de fomento y de créditos para los campesinos; facilitó los préstamos rurales, dispuso ayudas especiales para las épocas de cosecha y proporcionó garantías materiales a los campesinos para la siembra.

En otros aspectos, el zapatismo implantó también reformas trascendentes; una de ellas fue la creación del Centro de Consulta para la Propaganda y la Unificación Revolucionaria. Ese organismo tenía, entre otras, las siguientes atribuciones:

- Organizar ramas locales de zapatismo.
- Organizar conferencias sobre los alcances de la Revolución, los deberes de los militares y las responsabilidades de los civiles.
- Promover la enseñanza, organizar lecturas públicas de textos diversos, explicar los manifiestos, decretos y circulares del gobierno.
- Mediar en todas las disputas por tierras entre pueblos y comunidades.
- Recoger de los campesinos sugerencias, pedidos y críticas y llevarlas al gobierno central, para enmendar errores y estructurar nuevas leyes.
- Organizar grupos en todos los pueblos que a su vez constituyeran asociaciones subsidiarias llamadas *De Defensa de los Principios Revolucionarios*. Esas asociaciones tenían la atribución de participar en la elección de toda clase de autoridades y formular candidaturas coherentes con los intereses del pueblo.

Los miembros de las comisiones creadas por ese organismo actuaron como verdaderos comisarios populares de la Revolución, y controlaron incluso a los militares para evitar excesos.

En un comunicado personal, Zapata expresa las intenciones de estas comisiones:

... procurar que la propaganda revolucionaria llegue hasta el seno de las familias y que sus jefes inculquen a sus hijos y demás familiares los buenos principios, hagan que estos tomen interés por la Revolución y comprendan que del triunfo

de ella depende la felicidad de los hombres honrados y traba-
jadores y el progreso de los mexicanos en el orden de lo mate-
rial, como en el terreno de las libertades y derechos sociales y
políticos, y en el orden intelectual y moral.

Sobre este aspecto, en una entrevista Nava dice:

La constitución de esos organismos y ese afán por llegar a
todas las comunidades y pueblos fue un aspecto clave del za-
patismo.

—¿Por qué?
—Porque eso le permitió mantener un contacto estre-
cho y directo con todos los habitantes, ya sea par explicar-
les el por qué de muchas cosas o para recoger de ellos
opiniones o críticas, que siempre fueron atendidas.
—¿En todo el estado?
—Sí, en todo el estado.
—¿La gente tenía amplias facultades para manifes-
tarse?
—Las más amplias. E incluso autonomía para resolver
los asuntos de sus pueblos en muchísimos aspectos.
—¿También en el problema de la tierra?
—Sobre todo en eso. Se llegó a establecer una autoridad agraria especial, integrada por miembros designados
por los campesinos, que actuó independientemente de las
autoridades municipales.
—¿Cuál era la atribución de esa autoridad?
—Vigilar el cumplimiento de la reforma agraria y administrar las propiedades comunales, fundamentalmente.
Pero además asignar tierras a familias, conceder permisos
para explotar los bosques y custodiar los títulos de propiedad de los pueblos y comunidades sobre sus tierras.
—¿Qué consiguió Zapata con eso?
—Reformó el derecho de los campesinos sobre sus tierras, facilitó el control local sobre la economía del lugar y

remozó tradiciones muy sentidas por las comunidades, que venían desde la época anterior a la conquista.

—¿Qué más hizo?

—Limitó las prerrogativas de los militares, reguló la distribución municipal de aguas y bosques, eliminó las rentas por las tierras y además impuso la pena marcial como castigo a cualquiera, revolucionario o no, que despojase de sus tierras a los campesinos.

La obra del zapatismo fue muy amplia y reformadora; entre otras cosas:

—Reformó todo el sistema político del estado.

—Dio amplia participación en los asuntos de gobierno a las organizaciones populares.

—Imprimió a la organización municipal características de unidad nuclear del gobierno revolucionario.

—Estableció un organismo central de vínculo entre todos los municipios.

—Creó el cargo de presidente de distrito, elegido por voto directo.

Paralelamente, el zapatismo articuló un amplio programa de verdadero alcance nacional, que incluyó:

—Estructuración de una ley de accidentes de trabajo.

—Creación de fondos de retiro y pensiones para los trabajadores.

—Legislación obrera.

—Reconocimiento de los sindicatos.

—Reconocimiento del derecho de huelga.

—Ley de divorcio.

—Mejoramiento salarial para maestros y profesores.

—Legislación antimonopólica.

—Mejoramiento de la enseñanza a todos los niveles.

—Legislación en beneficio del aprovechamiento nacional y social de las riquezas del subsuelo.

—Estricto control de las actividades en México de las compañías extranjeras.

—Establecimiento de impuestos a las herencias, legados y donaciones.

—Revisión de todas las leyes y concesiones favorables a los inversionistas y empresas extranjeras.

—Revisión de las tarifas y concesiones ferrocarrileras.

—Revisión de códigos y leyes para adaptarlos a las necesidades sociales y económicas del pueblo mexicano.

—Eliminación de todo impuesto a los artesanos y comerciantes en pequeño.

—Eliminación de toda carga impositiva indirecta a los artículos de primera necesidad.

—Abolición de las franquicias aduaneras adjudicables a los grandes empresarios.

—Fortalecimiento y protección de la industria nacional.

Hay algo muy importante: promovió y aseguró la participación popular en el gobierno por vías no meramente electorales.

—¿Cómo hizo eso?

—Creando otros organismos especiales.

—¿Qué clase de organismos?

—Organismos representativos de los pueblos y comunidades, con funciones específicamente políticas.

—¿Cómo funcionaban esos organismos?

—Estableció una jerarquía escalonada de organismos. Los habitantes de los pueblos se reunían, estudiaban la marcha del gobierno y nombraban delegados a una asamblea especial. Estos delegados, a su vez, hacían un balance conjunto de la situación y lo transmitían a las reuniones que todos los meses se hacían en las cabeceras de distrito con la participación de los delegados municipales.

—De esta forma prácticamente todo el fundo participaba en la vida política.

—En efecto, eso quería Zapata.

—¿Y esos organismos funcionaron adecuadamente?

—Sí, mientras el zapatismo se sostuvo fuerte en Morelos, funcionaron.

—¿Y después?

—Después casi toda la obra zapatista fue meticulosamente destruida.

Las reformas zapatistas accedieron a todos los niveles. Se estableció una ley orgánica para todos los ayuntamientos, se reglamentó la actividad de los funcionarios, se definió y caracterizó la composición territorial de los municipios, se creó una serie de ayudantías municipales en los pueblos alejados. Se fijó con exactitud el límite de la autoridad del gobernador del estado, de los presidentes municipales y de todas las autoridades de cualquier tipo, incluido el gobierno central. Y por encima de todo, en Morelos, como en Chihuahua en el gobierno de Villa, el pueblo armado vigiló y defendió la marcha de la Revolución.

Continúa la entrevista:

—Es obvio que el centro de todo eso fue la reforma agraria. Tal como la hizo Zapata tuvo un significado muy importante.

—¿Por qué?

—En primer lugar porque el proceso de la reforma agraria descansó sobre el pueblo mismo, a través de sus autoridades regionales.

—¿Se refiere a todos esos organismos que creó Zapata?

—Sí, a ellos, a las comisiones especiales, a todo.

—Y eso, ¿qué importancia tuvo?

—Una muy grande, consolidó a los pueblos, permitió que progresaran.

—¿Por qué?

—Porque al tener los pueblos y las comunidades el poder real sobre la tierra se evitó lo que sucedía antes. Ahora todos pudieron trabajar tranquilos sabiendo que nadie les iba a quitar la tierra; y entonces podían planear a largo y mediano plazo.

—Y sin tener sobre sus cabezas el fantasma de la emigración obligada.

—Correcto. La gente se asentó en sus pueblos y aldeas;

se afirmó ahí. Y los pueblos, en lugar de desaparecer, como antes, crecieron.

—Y con ellos creció todo el estado.

—Todo el estado.

—Quiere decir que cada sociedad local se convirtió en generadora y receptora de los bienes de riqueza y en su dueña, y eso, ampliado a todo el conjunto, hizo que Morelos se transformase.

—Así fue.

—Y esa fue la revolución.

—¿A qué se refiere?

—Que en Morelos hubo una verdadera revolución en el sistema de la propiedad de la tierra.

—En efecto, así fue, y tuvo una característica muy especial.

—¿Cuál?

—Ya hablamos algo de ella, me refiero al resurgimiento de viejas formas tradicionales. Zapata reimplantó esas formas. Quiero decir las vinculadas al sistema de tenencia de la tierra. Respetó las antiguas costumbres y las adaptó al presente. Por ejemplo, si un pueblo o una aldea había aplicado antes un sistema de propiedad comunal, él lo puso en práctica ahí; y así en todo lo demás.

—Fue un regreso al pasado.

—Sí, pero mirando hacia el presente. Jamás otros campesinos de México avanzaron tanto aplicando las viejas costumbres.

12

El sueño interrumpido

Aquella utopía socialista fue hostilizada primero, interrumpida después y más tarde cuidadosamente desmantelada, tratando de borrarla incluso de la memoria histórica.

Carranza nunca mostró el ánimo de llegar a ningún acuerdo con los zapatistas, su idea de la vida social y de la economía era diametralmente opuesta, a pesar de ser él mismo un jefe revolucionario y esencialmente antiporfirista. La lucha final de Carranza contra Zapata se realizó en dos etapas. La primera se inició el 2 de mayo de 1916, y la segunda un año después, también en mayo de 1917. Contando desde el principio con el apoyo del gobierno americano, quien le suministró armamento moderno, incluyendo aviones, que se usaron en México para la guerra, por primera vez en la historia.

Como parte de su política de terror, Carranza volvió a la práctica devastadora de la "tierra quemada", los fusilamientos masivos, las deportaciones masivas y el arrasamiento de los pueblos. Zapata volvió a responder con la estrategia de las guerrillas, pues el enfrentamiento directo le hubiese resultado nefasto, de esa manera pudo resistir largo tiempo; pero en diciembre de 1916 lanzó una ofensiva furiosa contra Carranza, quien al inicio de la campaña había copado todas las ciudades importantes del estado. Entre diciembre y enero reconquistó Jonacatepec, Cuautla, Micatlán y Tetecala, pero su triunfo más importante fue la recaptura de Cuernavaca, lo que provocó el repliegue de los carrancistas. Éste fue el término de la primera etapa de la ofensiva de Carranza; Morelos quedó de nuevo en manos de los campesinos y se reinició la obra de Zapata.

Pero rápidamente se inició la segunda etapa de la represión carrancista. En mayo de 1916, Carranza asumió la presidencia constitucional de la República y obtuvo del recién nombrado Congreso la autorización para atacar a Zapata, con lo que lanzó todas sus fuerzas hacia Morelos.

A estas alturas, el zapatismo había cobrado una dimensión tal que preocupaba a la clase poderosa de México y en especial al gobierno de los Estados Unidos; sobre todo porque el modelo socialista del zapatismo tenía simpatizantes en todo el país y cobraba prestigio en el extranjero.

El gobierno de Zapata tenía representantes en Cuba, Estados Unidos y Guatemala, quienes operaban como embajadores sin cartera y al mismo tiempo como agentes de propaganda y apoyo, suministrando al movimiento armas y dinero.

En esta perspectiva, Carranza puso en práctica una estrategia encaminada al total aniquilamiento de Zapata y el zapatismo. Su primera campaña consistió en la colocación de un enorme cerco en torno del estado de Morelos, con la finalidad de aislarlo del resto del país. Luego fue apretando el cerco para ubicar las guerrillas en el interior del estado y caer sobre ellas con toda la fuerza de su poderoso ejército.

Se trataba de una lucha en verdad desproporcionada, toda la fuerza del gobierno se volcó sobre uno de los estados más pequeños del país y contra campesinos mal armados que habían soportado una guerra de más de diez años. No obstante, el enfrentamiento se mantuvo favorable a Zapata durante largo tiempo, principalmente por el empleo eficaz de la guerra de guerrillas; pero también por el decidido apoyo de la población mayoritaria, que estaba compuesta por campesinos pobres que ya habían experimentado un orden social que les era favorable y que sentían como propio.

Por estas razones, Carranza se vio obligado a enviar más tropas al frente. Cambió varias veces de comandantes y oficiales y ordenó que desde Puebla también se atacara a Zapata; pero aun así no le fue posible sofocar la resistencia zapatista. Comenzó entonces a desplegarse una estrategia novedosa en aquellos tiempos que era la "guerra psicológica": informantes y agentes de Carranza y de los Estados Unidos comenzaron a operar en el estado, buscando desarticular las bases de apoyo de Zapata, romper la unidad de su organización y debilitar la moral de la población.

En medio de la lucha, Zapata lanzó varios manifiestos, acusando a Carranza de "porfirista" y reiterando la necesidad de seguir apoyando la reforma agraria, aun en medio de la guerra. Muchas de sus declaraciones públicas se centraban en conceptos tales como "la emancipación del proletariado" y la "unidad de obreros y campesinos" lo que tenía un fuerte tono socialista y aumentaba el resquemor de los grupos de poder.

En aquellos momentos decisivos, Zapata hizo un llamamiento a la unidad de todos los sectores populares para *abolir la dictadura, mejorar la condición de los obreros y emanciparlos de la opresión de los capitalistas.*

Dentro de su proyecto de atacar al gobierno de Zapata "desde dentro", Carranza intento la seducción de la riqueza y el poder sobre algunos jefe importantes, pero ninguno se dejó sobornar, lo que fue otro elemento de gran inquietud, pues revelaba una fuerza de convicción que rebasaba las ideas que se tenían en el extranjero de la Revolución como una simple "guerra civil", que si bien estaba justificada por los excesos del porfiriato, se podría manejar dentro de los parámetros de la venganza y la ambición, lo que, evidentemente, era verdad en el caso de muchos jefes revolucionarios, pero no era el de Zapata ni el de su plana mayor.

Ante esta situación, se echó a andar, tanto en México como en los Estados Unidos, una campaña de prensa en contra de Carranza, calificándolo de *ineficiente, ambicioso e incapaz de destruir el foco de rebeldes socialistas que continuaban la guerra en México*. Por supuesto, los "rebeldes socialistas" eran Villa, Zapata y su gente.

Como respuesta a esta campaña, Carranza envió más tropas a Morelos; pero el zapatismo siguió la lucha y el prestigio de sus guerrilleros aumentó al grado de que se convirtieron en ejemplo para los insatisfechos con el gobierno central —o con la propia Revolución— en todo el país.

Acerca de esto, James W. Finney escribió para una revista norteamericana:

En México dicen que hay una batalla entre pobres y ricos, y eso es verdad. Un mexicano me dijo:

—Carranza no podrá doblegar a Zapata.
—¿Por qué?
—Zapata se transformó en una figura nacional y tiene apoyo en todos lados. Ya no es sólo Morelos el que lucha.
—Pero la guerra importante es en Morelos.
—Se extenderá a todo el país y tendrá la misma bandera que en Morelos.
—¿Cuál?
—La tierra.
—¿Y qué sucederá?
—Tendremos una nueva Revolución, quizá la definitiva.
—¿Y será Zapata el conductor de esa revolución?
—Zapata, Villa y otros más.

En enero de 1919, cuando la guerra de Morelos se mantenía en los mismos términos, Zapata acusó públicamente a Carranza de ser responsable de todos los males que sufría el país. En ese manifiesto, Zapata, quien antes había acusado a Carranza de haber pactado con los hacendados, afirmó que ahora "se había puesto al lado del imperialismo".

Carranza tramó entonces la maniobra final. Ni el terror aplicado en Morelos ni el constante aumento de las tropas en el frente habían sido suficientes para aniquilar a Zapata. Quedaba en pie sólo una posibilidad: asesinar a Zapata, cortar de tajo la cabeza del movimiento.

El General Francisco Villa descansa junto a Zapata después de su entrada a la ciudad de México.

13

Una brecha infranqueable

L as diferencias endémicas entre Villa y Zapata nunca se pudieron superar; ambos eran sinceros en sus propuestas de unificación y nunca se traicionaron, pero tampoco llevaron a la práctica sus acuerdos. El guerrero no proveyó los pertrechos prometidos, y el guerrillero se "reconcentró", según sus propias palabras, en sus "comederos viejos". En las sesiones de la convención en Cuernavaca, la nota dominante es el conflicto entre el Norte y el Sur. El pragmático Cervantes, hombre de confianza de Felipe Ángeles, reprende a los zapatistas por la derrota de Puebla: "Es una vergüenza que 3 000 carrancistas hayan hecho huir a 10 000 zapatistas". Otilio Montaño le responde con indignación:

> *Me pesa sobremanera venir a oír tales disparates, que vengan a lanzarse anatemas contra el Ejército Revolucionario del Sur y contra su bandera sagrada... Emiliano Zapata es socialista y redentor del pueblo de Morelos...*

A los pocos meses, con las estrepitosas derrotas de Villa en el bajío, la disputa entre las dos vertientes del pueblo se volvería casi académica. Pero mientras que en varias partes del territorio nacional el carrancismo se ocupaba de reducir al villismo, en la patria morelense Zapata goza, por fin, de un respiro de paz, y lo aprovecha para llevar a cabo la generosa utopía de su revolución. El milagroso paréntesis se había iniciado ya, de hecho, a mediados de 1914, con la derrota del huertismo, y duraría hasta fines del año siguiente.

El tránsito de la vida campesina a la guerrilla y de ésta a la utopía fue natural; durante la campaña contra los federales maderistas y, sobre todo, contra los "pelones" huertistas, se había delineado el perfil de una sociedad campesina que aun en la guerra seguía siendo fiel a sí misma; dispersa en pequeñas unidades, descentralizada, respetuosa de sus relaciones con los pueblos, atenta a sus raíces indígenas, devota de la religión. Una sociedad cuyo afán profundo seguía siendo, como ha escrito Womack, *permanecer*.

Explica el historiador Chevalier:

La guerrilla zapatista es típica; los rebeldes, que eran peones de las haciendas o habitantes de los pueblos formaban por lo general partidas que iban desde los treinta hasta doscientos o trescientos hombres al mando del guerrillero más enérgico, a veces incluso una mujer que tenía el título de "coronela" o "capitana". Unos marchaban a pie, otros montaban caballos de poca alzada de la región o mulas tomadas de los ingenios. Apenas disponían de armas de fuego o municiones que habían podido quitar a las tropas regulares en los audaces golpes por sorpresa. Tenían hasta algunos cañones obtenidos del mismo modo.

Esta condición dispersa era una proyección natural de la vida prerrevolucionaria en Morelos, donde la célula política real no era la nación, el estado o el municipio, sino el pueblo. La profusión de jefes y unidades independientes tenía, desde luego, enormes desventajas guerreras, pero no guerrilleras:

Ese gobierno de línea se nos metía como borregos y cuando se nos metía a las montañas, a los cerros, les poníamos unas

*emboscadas en las barrancas que quedaban hasta encimados
y ahí agarrábamos todo el armamento y parque, fue cuando
se empezó a hacer la gente de armamento bueno, máuseres y
treintas y de infantería puras carabinas máuseres de este pelo,
grandotas, de bolita, buenas. Entonces nos empezamos a hacer de armas, pero a pura lucha, porque Zapata no pedía
a ninguna nación, a ninguno le pidió ayuda, nos hicimos a
pura canilla de armamento, a pura canilla.*

La dispersión facilitaba el movimiento, la sorpresa, el
disimulo, la disolución en el paisaje y el abastecimiento a
las guerrillas por parte de los pueblos:

*Cuando teníamos tiroteo y había oportunidad, los pobres com-
pañeros pacíficos iban, y el gobierno tiraba harto parque y lo
juntaban y nos lo daban y nos volvíamos a reponer... nos
quería la gente en esa época, nos protegían con tortillas, era
cuando comíamos tortillas.*

Pero no sólo pan y parque proveían los pueblos, sino
también información; el espionaje en el zapatismo era en-
teramente informal, la gente humilde que andaba comer-
ciando por los caminos y entraba en las ciudades, más tarde
informaba a los zapatistas de lo que habían visto y toda la información llegaba a la plana mayor. Esta forma de espionaje duró los nueve años de lucha, porque Zapata llegó a
ser el ídolo de los pueblos. La descentralización del poder
era patente, por ejemplo, en la economía no existía ningún
servicio regular de intendencia ni de finanzas organiza-
das. Cuando Octavio Paz Solórzano preparaba su viaje de
representación zapatista a los Estados Unidos, Zapata le
dio cartas de recomendación para varios jefes, comentando, en cada caso, lo generoso o avaro que cada uno podía
ser. Esta prevención frente al dinero tenía también un origen moral. Se dio el caso, durante la estancia de los zapatistas en la capital, que el "mero jefe" decidiera recurrir a

un préstamo del Banco Nacional de México. El viejo banquero Carlos Sánchez Navarro recordaba la puntualidad religiosa con que Zapata reintegró el capital y los intereses; más aún, con el transcurso del tiempo y la prolongación de la guerra, casi desaparecieron el oro y la plata, aunque Zapata fabricó dinero en las minas de Campo Morado, en Guerrero. Apenas se utilizó algo más que cartones impresos por previsión del gobernador zapatista del Estado, Lorenzo Vázquez. Los jefes del movimiento se vieron obligados a pedir telas, papel, jabón, y otros artículos necesarios a algunas fábricas o talleres situados en su mayoría en los alrededores de Puebla.

Otro rasgo notable de aquella guerra de los pueblos ambulantes fue la gravitación indígena y su consecuente respeto a los indios. En la crónica indígena de Milpa Alta, recopilada por Fernando Horcasitas, se lee el testimonio de doña Luz Jiménez:

> Lo primero que supimos de la revolución fue que un día llegó un gran señor Zapata de Morelos; y se distinguía por su buen traje; traía sombrero ancho, polainas y fue el primer gran hombre que nos habló en mexicano. Cuando entró toda su gente traía ropa blanca, camisa blanca, calzón blanco y huaraches. Todos estos hombres hablaban el mexicano casi igual que nosotros. También el señor Zapata hablaba el mexicano. Cuando todos estos hombres entraron a Milpa Alta se entendía lo que decían. El señor Zapata se puso al frente de sus hombres y así le habló a toda la gente de Milpa Alta: "¡Júntense conmigo!, yo me levanté, me levanté en armas y traigo a mis paisanos. Porque ya no queremos que nuestro padre Díaz nos cuide. Queremos un presidente mucho mejor. Levántense con nosotros porque no nos gusta lo que nos pagan los ricos; no nos basta para comer ni para vestirnos. También quiero que toda la gente tenga su terreno, así lo sembrará y cosechará maíz, frijolitos y otras semillas... ¿Qué dicen ustedes?... ¿Se juntan con nosotros?"

El zapatismo está lleno de símbolos religiosos. En su inteligente ensayo, Chevalier fue el primero en sondear la mentalidad zapatista y señalar la importancia de la fe. Además de la Virgen de Guadalupe en sus estandartes, los zapatistas traían las imágenes de los santos de su devoción particular en los sombreros. En territorio zapatista los sacerdotes no sufrieron persecución; antes al contrario, muchos contribuyeron a la causa. El de Axochiapan con un caballo; el de Tepoztlán interpretando los papeles en náhuatl; el de Huautla, pasando a máquina el Plan de Ayala. A veces, la religiosidad llegaba a extremos, como en el caso del general Francisco V. Pacheco, fiel devoto del Señor de Chalma; de él escribe Paz Solórzano:

> Era un individuo indígena puro, alto, moreno, de ojos pardos, los que nunca levantaba al conversar con alguien de quien desconfiaba, y esto pasaba con la mayoría de los que lo trataban; tendría unos cuarenta años, era muy cuatrero para hablar, vestía con un traje de casimir negro y sombrero de charro plomo o negro; casi nunca montaba a caballo, haciendo grandes caminatas a pie, sin fatigarse, como lo acostumbran los indígenas. Tenía una idea de la justicia muy especial, suya, siendo inexorable y hasta llegando a la crueldad cuando se atacaban sus creencias religiosas o con los que robaban, atentaban contra las mujeres o cometían cualquier otro acto que consideraba digno de que se aplicara al culpable pena de muerte; era a quien se atribuía aquella frase, que al poco tiempo de haber entrado los zapatistas en la ciudad de México estaba tan en boga entre los metropolitanos: "Si mi consencia me dice que te quebre, te quebro; si no, non te quebro."

Porque, en efecto, aquella sociedad guerrera tenía también su cultura de muerte. El jefe Zapata "quebraba" a los traidores, pero los otros jefes eran menos exclusivistas. En ese ámbito feroz se distinguió Genovevo de la O. La otra cara del desprecio a la vida ajena era el desdén por la propia, la muy mexicana pasión de "hombrearse con la muerte", de "morir como los hombres", de resignarse. Pero aquel estoicismo innato contenía semillas de auténtico valor:

> ... *Casi desprovistos de armas de fuego, habían llenado, con dinamita y clavos, latas de conserva vacías provistas de mechas cortas, que encendían con puros y que lanzaban por medio de hondas hechas por ellos mismos con fibras de maguey. Si la mecha quedaba demasiado larga, el adversario la apagaba y devolvía la bomba al atacante, con mortíferos resultados para quienes apenas estaban a cubierto. Si, por el contrario, la mecha resultaba corta, el artefacto explotaba en las manos del asaltante. Uno de estos, que acababa de quedar con el brazo horriblemente destrozado, pudo tomar otra bomba con la mano izquierda y la encendió tranquilamente con su puro. En el momento en que, erguido fuera de toda protección, hacía girar su honda por encima de la cabeza, cayó bajo una lluvia de balas gritando ¡Viva Zapata!*

Así fue como Zapata se volvió un mito viviente, en un símbolo sagrado y en la mira de todas las esperanzas. Hasta su cuartel general, en Tlaltizapán, llegaban peticiones de toda índole: Unos vecinos de Alpuyueca le piden autorizar el riego de sus tierras con el agua de la hacienda de Vista Hermosa. Una mujer le pide que le quite de enfrente a su antiguo amante porque: ... *con tantos amenasos ya no soy livre de salir ala calle para nada. Que meade volar de un balaso.* Un grupo de amigos le previene contra la traición contra los *finansieros de Ozumba: ... proporcionan a Ud. un banquete, en donde Ud. caiga bocarriba o quede de una piesa.* Los de Anenecuilco se atreven a pedirle... *como padre de nosotros,* facilitarles diez pesos, *inter tanto susanamos nuestras necesidades si Dios quiere nos socorre con nuestro maiz le daremos más por el dinero y si no le devolveremos sus sentavos.* Lo que piden de Mesquitlán es algo menos efímero:

*Hoy el día 17 del mes en curso resibimos una órden superior
en donde nos biene suspendiendo nuestras siembras por com-
pleto, y ánparados primero á Dios, y despues en U. Como
padre de menores, y por tal motivo ocurrimos á U. suplicán-
dole que alcancemos á lo que previene ál árticulo 6°. de la ley
del Plán de Ayala por existir el título primordial del presita-
do pueblo, tánto como coadyovántes de lo que U. Lucha.*

Como había soñado Otilio Montaño, desde la caída del
gobierno de Huerta y durante todo el año 1915, Tlaltizapán se volvió la "capital moral de la Revolución"; además
de oír peticiones y despachar órdenes ... *en horas avanzadas
de la tarde* —escribe Womack— *él y sus ayudantes descansa-
ban en la plaza bebiendo, discutiendo de gallos valientes y de
caballos veloces y retozones, comentando las lluvias y los pre-
cios... mientras Zapata fumaba lentamente un buen puro. Las
noches las pasaba con una mujer de la población; engendró dos
hijos, por lo menos, en Tlaltizapán.*

Las malas lenguas decían en ese tiempo que Zapata no
vivía con una sola mujer, sino con tres hermanas. Esta especie de democracia amorosa la desplegó antes y después
de aquel paréntesis; tuvo no menos de veinte mujeres y
procreó no menos de siete hijos.

Pero había otras cosas que lo entretenían; le gustaba el
cognac y la buena cocina francesa. Su pasatiempo favorito,
por supuesto, seguían siendo las fiestas charras. Zapata se lan-
zaba al ruedo junto con la cuadrilla, caracoleaba el caballo
y hacía quites a pie. En lo primero, el único jefe que lo igua-
laba era Amador Salazar. En lo segundo, tuvo que admitir
alguna vez en Yautepec la superioridad de Juan Silveti:

*... se divertía grandemente invitando para que se bajaran a
torear (porque se toreaba en esas fiestas) a individuos remil-
gosos, profanos en la materia. Sobre todo en la época de la
Convención, que se colaron entre las filas revolucionarias
algunos "fifíes", para irse a la cargada, y que se atrevieron a*

llegar hasta Tlaltizapán, en donde se estableció el Cuartel General. Cuando había toros los hacía que echaran capotazos, siendo por lo regular revolcados, lo que producía a Zapata una gran hilaridad. Lo hacía para ponerlos en ridículo.

En Cuautla, no muy lejos de Tlaltizapán, cuartel del charro entre charros, un catrín de catrines que tenía la ciudad por cárcel paseaba en el jardín, sin que nadie lo molestara. El "mero jefe" lo protegía retribuyéndole favores pasados, era Ignacio de la Torre.

En rigor no todo era quietud en aquel mundo al abrigo de la violencia. También estaba ocurriendo una revuelta pacífica en la vida material. La clase hacendada había desaparecido y Morelos era, de hecho, un territorio independiente. Adolfo Gilly ha visto en aquel paisaje social el embrión de una comuna. Quizá se aproxima mucho más a una constelación de pequeñas comunidades como las que soñó el padre del anarquismo: Kropotkin. Su sentido, en definitiva, es la vuelta, la resurrección de una armonía antigua, mítica, lejanamente perdida.

Se ejercía una democracia local y directa. El reparto de tierras se hacía de acuerdo a las costumbres y usos de cada pueblo. Los jefes zapatistas tenían prohibido imponer su voluntad sobre la de los pueblos. No había policía estatal ni imposiciones verticales de cualquier orden, ya fuera políticas o ideológicas. El Ejército Popular Zapatista, verdadera "liga armada de comunidades" se plegaba a un orden social, democrático y civilista.

Para que aquella recuperación de los orígenes fuese cabal, había que empezar por rehacer el mapa, y con este objetivo se llamó a un grupo de jóvenes agrónomos para deslindar los terrenos en todo el estado de Morelos; entre estos jóvenes vendrían algunos que más tarde fueron famosos, como Marte R. Gómez y Felipe Carrillo Puerto. Los "ingenieros" tenían que respetar los títulos virreinales que algunos pueblos aportaban y la opinión de los ancianos.

Aquélla era una clase de historia viva. Alguna vez, dirigiéndose a Marte R. Gómez, Zapata comentó:

> *Los pueblos dicen que este tecorral es su lindero, por él se me van ustedes a llevar su trazo. Ustedes, los ingenieros son a veces muy afectos a las líneas rectas, pero el lindero va a ser el terrocal, aunque tengan que trabajar seis meses midiéndole todas sus entradas y salidas.*

La recuperación del mapa y la restitución de tierras a los cien pueblos del Estado se llevaron algunos meses. Entre tanto, el poderoso Manuel Palafox, Secretario de Agricultura del gobierno convencionista, discurre la fundación de bancos y escuelas agrícolas, agroindustrias y una fábrica nacional de herramientas para el campo. Zapata echa a andar cuatro ingenios e intenta persuadir a los campesinos de que siembren cultivos comerciales en lugar de maíz y frijol; su preocupación es más tutelar que progresista, más moral que económica:

> *Ahora que haya dinero, debemos ayudar a toda esa pobre gente que tanto ha sufrido en la Revolución; es muy justo que se les ayude porque todavía quién sabe lo que tenga que sufrir más adelante; pero cuando esto suceda, ya no será por culpa mía, sino de los acontecimientos que tengan que venir. Yo deseo que los ingenios subsistan; pero naturalmente no en la forma del sistema antiguo, sino como "fábricas", con la parte de tierra que deba quedarles de acuerdo con el Plan de Ayala. La caña que nosotros sembremos y cultivemos la llevaremos a esas fábricas para su venta, al que mejor nos la pague, pues en estas circunstancias tendrá que producirse una competencia entre los dueños de los ingenios azucareros; y si no nos conviene el precio, pediremos que se nos "maquile", pagando por ello una cuota adecuada. Es indispensable que trabajen los ingenios azucareros, porque ahora es la única industria y fuente de trabajo que existe en el Estado. Si tene-*

mos dificultad con los ingenios, instalaremos pequeños "trapiches" para hacer piloncillo o azúcar de purga, como antaño se hiciera en las haciendas.

¿Cuál era, en definitiva, su utopía personal? Soto y Gama recuerda un diálogo revelador con Francisco Villa:

—¿Qué opinas tú, Emiliano, del comunismo?

—Explícame qué es eso.

—Por ejemplo: que todos los vecinos del pueblo cultiven juntos, o en común, las tierras que les corresponden y que, en seguida, el total de las cosechas así obtenidas se reparta equitativamente entre los que con su trabajo contribuyeron a producirlas.

—¿Y quién va a hacer ese reparto?

—Un representante, o una junta que elija la comunidad.

—Pues mira, por lo que a mí hace, si cualquier "tal por cual" quisiera disponer en esta forma de los frutos de mi trabajo, recibiría de mí muchísimos balazos.

Tierra y libertad, ideales distintos pero inseparables e igualmente importantes. De ahí que el anarquismo —que le predicaba entre otros el coronel Casals— "no le desagradara del todo". Aunque no veía en qué superaba al único programa que, a su juicio, "haría la felicidad del pueblo mexicano": el Plan de Ayala.

Pero la raíz y el mapa de su utopía eran más antiguos que el Plan de Ayala. Alguna vez, cuando se le interrogó sobre la "razón primera y última de su rebeldía", Zapata mandó traer la empolvada caja de hojalata que contenía los documentos de Anenecuilco. Zapata los hojeó y dijo: "Por esto peleo".

Seguramente Zapata se refiere a la tierra, pero mucho más en un sentido reverencial que en uno económico; Zapata pelea por la tierra con un sentimiento sagrado: por la tierra que es, para los Zapatistas, como para todos los campesinos en las culturas tradicionales, "la madre que nos mantiene y cuida". Por eso, en su manifiesto en náhuatl a los pueblos indígenas de Tlaxcala, se lee: *Nuestra madrecita la tierra, la que se dice Patria.*

En la asociación de la tierra con la madre, en la Madre Tierra, se esconde seguramente el sentido último de la lucha zapatista, el que explica sus actos y su reticencia. La tierra es el origen y el destino, la madre que guarda el misterio del tiempo, la que transforma la muerte en vida, la casa eterna de los antepasados. La tierra es madre porque prodiga un múltiple cuidado: nutre, mantiene, provee, cobija, asegura, guarda, resguarda, regenera, consuela. Todas las culturas reconocen este parentesco mítico. En Grecia, Démeter es la amorosa y doliente madre de los granos; en Rusia, el juramento más solemne se hace en nombre de la sagrada tierra, y se la besa al pronunciarlo.

La postura de Villa, y en general de los jefes revolucionarios es la búsqueda de la transformación social y de la manera de explotar la tierra. De ahí que ninguna de sus alianzas perdure, pues Zapata no quiere llegar a ningún lado, lo que quiere es permanecer; su propósito no es abrir las puertas al progreso, sino precisamente al revés, cerrarlas, reconstruir el mapa místico de un sistema ecológico humano en donde cada árbol y cada monte estaban ahí con un propósito, mundo ajeno a otro dinamismo que no fuera el del diálogo vital con la tierra.

Zapata no sale de su tierra porque desconoce, desafía y teme a *lo otro*: el poder central es percibido siempre como un intruso, como un acechante nido de "ambiciosos" y traidores. Su visión no es activa y voluntarista, como la de todas las religiosidades marcadas por el padre, sino pasiva y animista, matriarcal y nutricia. Su guerra de resistencia se agota en sí misma. Durante la tregua de 1915, en lugar de fortalecerse hacia fuera se aísla más, se adentra más en la búsqueda del orden perdido hasta el límite de querer reconstruirlo con la memoria de los ancianos. No es un mapa productivo lo que busca, es un lugar mítico, es el seno de la Madre Tierra y su constelación de símbolos.

14

La fase terminal

La estrepitosa derrota del villismo a manos de Obregón cerró el paréntesis histórico. Ahora los esfuerzos carrancistas podían concentrarse en reducir por entero al zapatismo. En agosto de 1915 se inicia la ruina de la Revolución Zapatista, que en opinión del historiador Womack no fue un derrumbe, sino un constante y amargo "ir cediendo", lo que fue un imperativo derivado de varios factores; el primero de ellos fue la terrible violencia de los ejércitos federales. Luego de la expedición de una ley de amnistía que no dejó de mermar las filas zapatistas, González pretende acabar con ellos "en sus mismas madrigueras". En Jonacatepec hace 225 prisioneros civiles y los fusila en masa. En junio de 1916 toma el cuartel de Tlaltizapán y da muerte a 283 personas. Los zapatistas trasladan su cuartel a Tochimilco, en las faldas del Popocatépetl. En noviembre, González justifica su introducción de una ley marcial en términos racistas: "Como los enemigos no comprendieron el honor que les hizo el constitucionalismo al concederles un plazo para que solicitaran el indulto, el que le contestaron con inaudita barbarie"... El siguiente paso del ejército de 30 000 hombres sería multiplicar y afirmar los métodos de Juvencio Robles: incendios, saqueos, asesinatos en masa, deportación de poblaciones enteras y una novedad: la festiva destrucción de la propiedad:

Las fuerzas carrancistas —escribió Porfirio Palacios— *destruyeron no sólo los ingenios para vender la maquinaria por fierro viejo, sino todo cuanto consideraban poder aprovechar; pues se llevaban las puertas, las bancas de los jardines públicos, hasta artefactos de otro uso, inclusive las cañerías de plomo, todo lo que más tarde era vendido por la soldadesca inconsciente en la ciudad de México, en los "puestos" de la Plazuela de las Vizcaínas, o en los del ex Volador.*

En 1916, Henry Baird, un periodista británico, viajó desde Londres para hacer una entrevista a Zapata:

—... No haría usted un viaje tan largo sólo para hablar unos minutos —inquirió Zapata.

—Tiene razón —respondió Baird—; temí que no me concediera la entrevista, y tenía mucho interés en hablar con usted.

—¿Interés en qué, exactamente?

—En saber hasta cuándo seguirá esta guerra.

—Eso tiene que preguntárselo a Carranza y a los otros.

—¿Por qué a ellos?

—Porque ellos desataron esta guerra.

—Pero *usted* se levantó en armas.

—Fuimos traicionados, no nos regresaron las tierras. Se olvidaron de las promesas. Se burlaron de los campesinos. ¿Usted no cree que eso es desatar la guerra?

—Sí, General, lo creo; pero también creo que hay otras vías, no todo se soluciona con las armas.

—Las armas sirven para defender nuestras razones. Cuando no hay otra salida, hay que usarlas.

—¿Y no hay otra salida?

—No, no la hay, hay que destruir a Carranza... y a los otros.

—¿Qué otros?

—Los Creel, los Terrazas, los hacendados.

—Será una larga lucha, entonces.

—Sí, será larga.

—¿No cree que ya llevan suficiente tiempo peleando?, ¿que se derramó mucha sangre, que hay demasiados muertos?

—Por eso tenemos que seguir, amigo, no podemos traicionar a los muertos y pactar con los traidores.

—¿Qué es lo que buscan ustedes, Zapata?

—Queremos reforma política para que reine la paz y terminar con el feudalismo.

—Eso mismo es lo que dice el gobierno.

—No dice eso. Además, no importa lo que dice; importa lo que hace. Y no hace eso; hace lo contrario.

—¿Y qué debería hacer?

—Ya se lo dije, amigo. La revolución se hizo por tierra y libertad. Eso es lo que exigimos: tierra y libertad.

—¿En ese orden?

—Sí, no hay libertad sin tierra. Sin tierra, sin trabajo, sin comida, el hombre no es libre.

—¿Y conseguirán eso?

—Peleamos por eso.

—¿Ustedes se definen como un movimiento regional?

—Por supuesto que no.

—¿De veras se consideran un movimiento nacional?

—Nuestra lucha no está limitada a Morelos.

—¿Piensan en todo el país?

—Ya le dije que sí.

—¿Quiere decir que actúan en función nacional? Es muy importante que esto quede muy claro.

—Así es, pensamos en todo el país.

—Pero ustedes se iniciaron aquí, son un movimiento de raíz local; ¿no están aún demasiado arraigados a este origen?

—Lo que queremos es para todo México, no sólo para Morelos.

En esta entrevista se define a un Zapata que no corresponde a la imagen de un caudillo provinciano que se manejó durante mucho tiempo. Pero él mismo da cuenta de su vocación de revolucionario social y no solamente de reformador social.

Pero la guerra continúa, cada vez más cruenta y desgastante, Zapata se repliega y reanuda la guerra de guerrillas. En octubre de 1916 decide pasar a una ofensiva espectacular: entonces comienzan los ataques aislados, pero efectivos, a bombas de agua y estaciones tranviarias cercanas a la ciudad de México: Xochimilco, Xoco. La impresión en la opinión pública es tremenda. A fines de noviembre, González emprende la retirada. A principios de 1917 los zapatistas recuperan su estado. Al reocupar Cuernavaca, Zapata escribe a su representante en San Antonio:

Debo hacer notar a usted los innumerables abusos, atropellos, crímenes, y actos de vandálica destrucción llevados a cabo por el carrancismo durante su permanencia en estas regiones: pues aquel, en su rabia impotente, ha asolado las poblaciones, quemando casas, destruyendo sementeras, saqueando en las casas hasta las más humildes prendas de vestir, y cometiendo en las iglesias sus acostumbrados desmanes. A Cuernavaca la han dejado inconocible; las casas están sin puertas, las calles y las plazas convertidas en estercoleros, los templos abiertos, las imágenes destrozadas y despojadas de sus vestiduras, y la ciudad abandonada, pues se llevaron todos los pacíficos a viva fuerza; al grado que los nuestros, al tomar posesión de la plaza, sólo encontraron tres familias ocultas, que escaparon a la leva de pacíficos.

Uno de los hechos históricos más notables de aquel nuevo capítulo de violencia que duró desde los últimos meses de 1915 hasta fines de 1916 fue lo que acompañara una gran creatividad legislativa por parte de cinco miembros de la junta intelectual del zapatismo: Luis Subiría y Campa, Manuel Palafox, Otilio Montaño, Miguel Mendoza y Genaro Amezcua. Se diría que al expedir febrilmente ley tras ley respondían a Carranza y delineaban al país ideal que hubiesen podido gobernar.

En octubre de 1915 expiden la Ley sobre Accidentes de

Trabajo y la Ley Agraria, la que es un antecedente fundamental del artículo 27 de la Constitución, si bien no reivindica para la nación la totalidad del suelo y el subsuelo. Entre sus preceptos principales destaca el reconocimiento de la personalidad jurídica de los pueblos, rancherías y comunidades; las superficies máximas de propiedad por clima y tipo de tierra; la expropiación de montes y bosques; la pérdida de las tierras al cabo de dos años de inactividad, etcétera. En noviembre, los juristas de Zapata emiten la Ley General sobre Funcionarios y Empleados Públicos, que prevé la declaración de nuevos bienes al cesar en funciones aquéllos; la Ley General del Trabajo, que decreta el descanso dominical, la jornada de ocho horas y el salario remunerador; se emite una ley que suprime el ejército permanente y lo sustituye por una guardia nacional; un proyecto que suprime los impuestos sobre artículos de primera necesidad, una Ley sobre la Asistencia Pública y otra sobre la Generalización de la Enseñanza. En diciembre, el trabajo no disminuye: la Ley General sobre Administración de Justicia, que convierte las cárceles en "establecimientos de regeneración", limita drásticamente la lealtad de los embargos y decreta la abolición de la pena de muerte; Ley Sobre la Fundación de las Escuelas Normales en los Estados, y un proyecto de ley sobre matrimonio. En el año de 1916 se emite una Ley de Imprenta que prohíbe la censura, y otra realmente notable, sobre la sujeción de la ley al pleibiscito, entre cuyos considerandos se incluían ideas de la más pura democracia:

El derecho de votar no alivia el hambre del votante, han dicho con amargura los desilusionados de la política, pero olvidan al hablar así que los derechos políticos y los civiles se apoyan mutuamente, y que en la historia de las naciones jamás ha faltado un traidor a la causa del pueblo, que al ver a éste olvidar la práctica de sus derechos políticos, se los arrebata, y junto con ellos, también los civiles.

La democracia por la que optan los ideólogos zapatistas era directa y pleibiscitaria. Ninguna autoridad podía invalidar o desconocer su mandato. El pueblo se reservaba el derecho de rebelión contra los mandatarios infieles.

El impulso alcanzó todavía para expedir una Ley de Colonización y otra de Enseñanza Primaria. Meses más tarde, el 15 de septiembre se expide otro documento notable: la Ley Municipal.

La libertad municipal es la primera y más importante de las instituciones democráticas toda vez que nada hay más natural y respetable que el derecho que tienen los vecinos de un centro cualquiera de población para arreglar por sí mismos los asuntos de la vida común y para resolver lo que mejor convenga a los intereses y necesidades de la localidad.

Aprovechando un nuevo repliegue de González, Zapata establece en Tlaltizapán —ayudado muy de cerca por Soto y Gama— el Centro de Consulta para la Propaganda y la Unificación Revolucionaria. Su cometido era orientar a los pueblos sobre las relaciones con las tropas revolucionarias, hacer lecturas públicas y explicaciones de manifiestos y decretos y, en definitiva, tender puentes de comunicación entre la revolución y los pacíficos. A partir de marzo de 1917 se promulgaron tres disposiciones que fortalecieron aún más a los pueblos: un decreto sobre los derechos mutuos de los pueblos, otro sobre el "municipio autónomo como unidad nuclear de gobierno" y una ley orgánica para los ayuntamientos de los estados. El sentido opuesto desde diciembre de 1911 al lanzar el Plan de Ayala: "respetar y auxiliar a las autoridades civiles" de los pueblos, no suplantarlas. *Por desgracia* —concluye Womack— *en la práctica, el gobierno zapatista de Morelos fue una serie de actos burdos y desarticulados.*

Pero quizá más dolorosa aún que la guerra feroz o las leyes congeladas fue la quiebra interna del zapatismo. No era sencillo justificar ante los pueblos "pacíficos" su lucha, porque el gobierno ya no lo ejercían los porfiristas, sino revolucionarios capaces de emitir una ley agraria como la del seis de enero de 1915. Era fatal que comenzasen a aflorar rencillas, dimisiones e infortunios entre los jefes zapatistas. Era la desventaja de la dispersión original. En agosto de 1916 Zapata fustigó a:

> ... *los cobardes o los egoístas que... se han retirado a vivir en las poblaciones o en los campamentos, extorsionando a los pueblos o disfrutando de los caudales que se han apoderado en la sombra de la Revolución, y han dado ascensos o nombramientos a personas que no los merecen.*

El primero en sufrir la deshonra de un confinamiento fue Lorenzo Vázquez, compañero de Zapata desde 1911 que, según el Jefe, había mostrado cobardía en su defensa de Jojutla a mediados del año de 1916.

La discordia había comenzado mucho antes, con el imperio creciente de la ley del talión entre los jefes zapatistas. Una de las secuelas malignas comenzó el 24 de enero de 1914, día en que Antonio Barona mató a Felipe Neri sólo por haber mandado desarmar a diez hombres de su escolta. Otra víctima de Barona fue el general Francisco Estrada, pero cuando "quebró" a Antonio Silva, el jefe de éste, Genovevo de la O, lo "quebró" de vuelta: "Todavía mal herido, las gentes de De la O sacaron a Barona de la carretela en que viajaba y lo arrastraron a cabeza de silla por las calles de Cuernavaca":

> *Lo que aquel día quedó de manifiesto* —escribió Marte R. Gómez— *fue que el zapatismo, como grupo militar organizado y como organización civil del gobierno, se desintegraba ya. Comenzaban a faltar los cartabones que servían para establecer las jerarquías; cada quien se consideraba libre para actuar conforme a su capricho o, cuando menos, en caso de duda, se juzgaba autorizado para obrar por cuenta propia, a reserva de buscar un refugio en el bando enemigo.*

El siguiente jefe importante que cayó en manos de De la O fue el poderoso Francisco V. Pacheco, aquel indígena de crueldad mística que había llegado hasta la Secretaría de Guerra de la Convención y dominaba casi todo el Norte del Estado de México, desde los pueblos cercanos a Toluca por el oriente y el sur, hasta los límites con Morelos y el Distrito Federal; la mayor parte del sur de éste, desde Huizilac hasta Tizapán y las goteras de Tlalpan. Pero en 1916 se acogió a la amnistía carrancista, lo que significó un descalabro mayor para los zapatistas, pues quedaba franca la entrada de Morelos. En escarmiento, un subalterno de De la O localiza a Pacheco en Miscatlán, lo sorprende de noche, escondido debajo de su cama y lo asesina a quemarropa.

La muerte fortuita de Amador Salazar, por una bala perdida, fue otro fuerte golpe para Zapata: lo mandó sepultar, vestido de charro, en la pirámide truncada que había hecho construir en Tlaltizapán para alojar los restos de sus compañeros de armas. Pero acaso el desgarramiento mayor ocurrió en mayo de 1917, cuando un consejo de guerra integrado por Ángel Barrios, Soto y Gama, Palafox y Serafín Robles, condenó a muerte al compadre Zapata, coautor del Plan de Ayala y Yautepec que en 1909 le había ayudado a estudiar los documentos de Anenecuilco, Otilio Montaño.

Se le acusó de ser el autor intelectual de un complot contra Zapata en Buenavista de Cuellar; se decía que había sido visto en aquel pueblo, que existían unas cartas condenatorias, que no era la primera vez que su vocación revolucionaria flaqueaba, que el propio Zapata lo había sentido merodeando por su casa. Los jueces no exhibieron pruebas en contra suya ni accedieron a que el juicio fuese público. Zapata se ausenta de Tlaltizapán. Antes de morir dicta un testamento en el que afirma: *Voy a morir, no cabe duda, pero ahí donde se hace la justicia, ahí los espero tarde o temprano*. A Montaño, antes que nada un espíritu religioso, se le niega la "extremaunción". Se resiste a morir de espaldas,

En la línea del frente: Benjamín Argumedo, Zapata y Manuel Palafox. Atrás: Ignacio Ocampo, Gerge Carothers y Amador Salazar.

pero lo fuerzan. Abre los brazos y declara, "en nombre de Dios", que muere inocente. Horas después, alguien lleva el cadáver a Huatecalco y sobre el camino real de Jojutla lo cuelga de un cazahuate, con una tabla en el pecho que advierte: "Este es el destino que encuentran los traidores a su patria." Días más tarde, el cadáver desaparece.

Aparentemente, en aquellos tiempos, se genera en Zapata una especie de patología, marcada por una sensación de ser perseguido. Lo obsesionaban los traidores. Una y otra vez repetía su frase predilecta: "Perdono al que roba y al que mata, pero al traidor no lo perdono". A Soto y Gama le impondría la obligación de redactar un *decreto contra los traidores... raza maldita que había que extirpar sin contemplaciones. De los traidores no hay que dejar ni la semilla.*

Un mes después de la muerte de Montaño, como si la providencia ejerciera esta vez la ley del talión, murió en forma trágica Eufemio, el hermano mayor de Zapata. El doctor Víctor Manuel Guerrero, que sirvió al zapatismo, recordaba 21 años después la escena:

Eufemio era el terror de los paisanos, pero con especialidad de los borrachitos, pues se le había metido en la cabeza el reformar a los sureños, sobre todo combatiendo el alcoholismo.

Apenas se sabía que Eufemio se acercaba a Yautepec, y todas las cantinas cerraban sus puertas. Infeliz del borracho a quien hallaba en la calle, porque lo azotaba con una vara de membrillo hasta que creía haberle bajado los humos del alcohol.

Esa costumbre suya fue la causa de su muerte. Cuando se convenció que en Yautepec no hallaría ya más borrachos, se puso a perseguir a los de Cuautla. Cierto día halló a un anciano dentro de una cantina y sin consideración a sus canas se puso a flagelarlo con su inseparable rama de membrillo.

—¿No le da vergüenza, a su edad, seguir bebiendo hasta caerse? ¡Eso le quitará el vicio!

Y mientras le soltaba frases por ese estilo, lo estuvo golpeando en forma tan bárbara que el anciano cayó privado de sentido.

El hijo de aquel anciano al que conocían como *el loco Sidronio,* al saber lo ocurrido, fue a buscar a Eufemio y sin darle tiempo a defenderse le disparó la carabina, dejándolo moribundo. Después, a cabeza de silla, lo arrastró hasta el Guatecal, abandonando su cuerpo sobre un hormiguero.

En agosto de 1917, en Tlaltizapán, Zapata se dio el gusto de recibir la cabeza de Domingo Arenas, el caudillo indígena y agrarista de Tlaxcala cuya brigada Xicoténcatl se le había sumado en el remoto noviembre de 1914. Había defeccionado del carrancismo y coqueteado un par de veces con reintegrarse al redil que por convicción e identidad le pertenecía. Ahora, el "traidor" había recibido el justo castigo. ¿Quién seguiría? Los subalternos temblaban: "se le observaba más histérico; todo lo encolerizaba. Muchos jefes temían acercársele... al jefe no se le engaña... el Jefe adivina lo que trae uno dentro.

El horizonte se cerraba. González y su lugarteniente principal, Jesús Guajardo, reinician su campaña con los métodos habituales. El panorama es desolador: "campos talados, poblaciones en ruinas, ganado y semillas robadas, venganzas, latrocinios y atropellos de todo género". Para colmo, hasta la naturaleza comienza a ser adversa: son los meses en que azotan el tifo, el paludismo, la disentería.

A pesar de todo, los zapatistas resisten. No obstante la presencia federal en el estado, durante buena parte de 1918 conservan su cuartel general en Tlaltizapán. En aquel año cede la influencia de Palafox —quien de hecho deserta— y asciende la estrella del último intelectual de Zapata: el prudente joven zamorano Gildardo Magaña, el *Gordito* sabio y mediador que incluso recitaba poemas para entretener a Zapata.

Ante la percepción clara de su asfixia, una sola obsesión se apodera ahora del caudillo: concertar alianzas. No hay jefe revolucionario o incluso contrarrevolucionario con el que no intente algún tipo de pacto, e incluso llega a buscar un acercamiento con Venustiano Carranza, pero nada progresa en ese sentido y la hostilidad hacia el zapatismo continúa.

Por otro lado, por aquellos tiempos Zapata estaba persuadido de que los Estados Unidos invadirían México al terminarse la Primera Guerra Mundial. A fines de noviembre, pide a Felipe Ángeles que interponga su influencia con el Mariscal Foch; pues "paréceme que una vez solucionada la cuestión europeo-americana, los Estados Unidos de Norteamérica se echarán sobre nuestra nacionalidad". De pronto, aquel celoso aislamiento explotó hasta convertirse en lo contrario. Había que defender, no lo minúsculo, lo propio, lo particular, sino lo mayúsculo, lo de todos: "el decoro nacional".

El frío profesionalismo de Pablo González y "la obra pacificadora de la influenza española" —según decía la prensa de la época— cercan aún más a los combatientes zapatistas que no pasan ya de unos cuantos miles. En agosto de 1918 pierden su base de Tlaltizapán y se refugian en Tochimilco, que no obstante su virtual inaccesibilidad, a veces debe ser evacuado y el cuartel se traslada al pequeño pueblo de Tochimiizolco. Eran aquellos tiempos de gran tensión, a principios de 1919 llega de pronto a manos de Zapata una serie de artículos publicados en los Estados Unidos y reproducidos profusamente en México, en los que Gates vindicaba el sentido original del zapatismo. El Jefe no disimuló su satisfacción. Hacía mucho tiempo que no recibía una señal positiva del exterior, y esto lo llenó de satisfacción. "Ahora sí puedo morir —comentó—, hasta que se nos ha hecho justicia".

Algo interno lo lleva a rebelarse de nuevo, a romper el cerco, el aislamiento, el silencio, sin descartar nunca la búsqueda de alianzas; aunque en marzo de 1919 publica una "carta abierta" a Carranza, en la que se deja ver su resentimiento:

... Los antiguos latifundios de la alta burguesía, reemplazados en no pocos casos por modernos terratenientes que gastan charreteras, kepí y pistola al cinto, mientras los pueblos son burlados en sus esperanzas.

15

Traición y leyenda

Pero no lo esperaba la victoria sino el desenlace. Zapata, que siempre temió y repudió la traición, murió víctima de una traición cuidadosamente maquinada por el coronel Jesús Guajardo y su jefe, Pablo González.

Hasta el campamento de Zapata habían llegado rumores de una desavenencia entre dos oficiales. Zapata escribe a Guajardo invitándolo a pasarse al bando rebelde. González intercepta la carta que le sirve como acicate y chantaje con Guajardo quien, por su parte, ve la oportunidad de reivindicarse y mostrar su lealtad; así que contesta

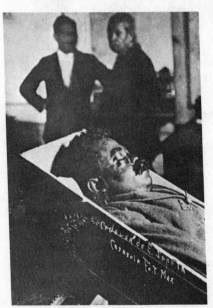

El cuerpo sin vida de Emiliano Zapata, su muerte fue motivo de júbilo entre muchos ricos hacendados.

Fotografía por demás gráfica, el cadáver de Zapata mostrado como si fuera un trofeo en el estado de Morelos.

afirmativamente a la carta de Zapata; pero éste, desconfiado y prudente, le pide a Guajardo fusilar a la gente de Victoriano Bárcenas, antiguo subordinado suyo que había aceptado la amnistía. Como una muestra de su sinceridad, Guajardo sacrifica a Bárcenas y a sus hombres. Satisfecho con la actitud de Guajardo, Zapata se reúne con él y recibe como regalo una brioso alazán al que llamaban *As de oros*. El paso siguiente debía ser la entrega a Zapata de 12 000 cartuchos en la hacienda de Chinameca. En la mañana del 10 de abril de 1919 Zapata ronda la hacienda, pero no muerde el cebo, tal vez aún desconfía. Dentro del edificio, su lugarteniente, Palacios, conversa con Guajardo, quien invita repetidamente a comer a Zapata. Por fin, a la 1:45 de la tarde, Zapata accede a entrar. El mayor Reyes Avilés, testigo presencial, narra la escena:

Zapata ordenó: *"Vamos a ver al coronel y que vengan nada más diez hombres conmigo"... Y montado en su caballo se dirigió a la puerta de la casa de la hacienda. Lo seguimos diez, tal como él lo ordenara, quedando el resto de la gente muy confiada, sombreándose debajo de los árboles y con las carabinas enfundadas. La guardia formada parecía preparada a hacerle los honores. El clarín toco tres veces llamada de honor, y al apagarse la última nota, al llegar el general en jefe al dintel de la puerta, de la manera más alevosa, más cobarde, más villana, a quemarropa, sin dar tiempo para empuñar las pistolas, los soldados que presentaban armas descargaron dos veces sus fusiles y nuestro inolvidable general Zapata cayó para no levantarse más.*

***

127

TÍTULOS DE ESTA COLECCIÓN